# 精准薪酬
## ——基于工作价值的分配

陈　谏
卢　婧 ◎ 著
陈晶晶

企业管理出版社
EMPH ENTERPRISE MANAGEMENT PUBLISHING HOUSE

图书在版编目（CIP）数据

精准薪酬：基于工作价值的分配 / 陈谏，卢婧，陈晶晶著 .—北京：企业管理出版社，2015.7

ISBN 978-7-5164-1101-8

Ⅰ.①精… Ⅱ.①陈…②卢…③陈… Ⅲ.①企业管理—工资管理 Ⅳ.① F272.92

中国版本图书馆 CIP 数据核字（2015）第 163598 号

书　　名：精准薪酬——基于工作价值的分配

丛书主编：黄树辉

作　　者：陈　谏　卢　婧　陈晶晶

责任编辑：刘一玲　崔立凯

书　　号：ISBN 978-7-5164-1101-8

出版发行：企业管理出版社

地　　址：北京市海淀区紫竹院南路 17 号　　　邮　编：100048

网　　址：http://www. emph. cn

电　　话：总编室 68701719　发行部 68414644　编辑部 68701322

电子信箱：80147@sina.com　zbs@emph. cn

印　　刷：北京媛明印刷厂

经　　销：新华书店

规　　格：710 毫米 ×1000 毫米　16 开本　11.75 印张　150 千字

版　　次：2015 年 7 月第 1 版　　　　2015 年 7 月第 1 次印刷

定　　价：42.00 元

# 丛 书 序

　　基于人力资源管理思维的"以人为本、人力资本"的概念，很多年前就被提及与重视，并为众多管理者所推崇。

　　然而，时至今日，能够实现"以人为本、人力资本"的企业却寥寥无几。大家都在"以人为本、人力资本"的旗帜下继续着"人力管理"的旧路。

　　目前市场上流行的人力资源管理信息系统，其设计思路基本上来源于：

- 中国传统的行政、人事型的事务性管理方式；
- 西方人力资源管理的选、育、用、留理论体系；
- 办公自动化（流程）与数据库管理的信息技术。

　　近几年，不管是人力资源管理的业务模式，还是信息技术的实现方法，均发生了巨大的变化。于是，业界试图用最先进的技术设计出最优秀的人力资源信息化系统。虽然人力资源信息化系统正在业界的共同努力与探索下日趋完善，为管理者带来了方便，为企业带来了效益，但始终没有突破上述设计思路，只是从技术手段、内容模块、管理需求等方面进行了大量改良，而与大家理想中的"以人为本、人力资本"相差甚远。

　　随着云计算、移动互联等新技术、新应用几乎渗透到每个角落，人力资源信息化领域被掀起一阵狂澜。在实际管理与信息系统范围内，"云平台、云管理、云应用"等概念与产品铺天盖地，结果也让人眼花缭乱、云里雾里。

为什么对人才的管理仍然举步维艰？为什么现代技术对人力资源管理的积极影响有限？

我们认为主要是下述原因：

● 重"管理"。对人、人事、人力资源等对象，特别重视施行管理，这样导致对人力资源管理领域的运营模式墨守成规。

● 重"技术"。当一切管理进入数字化信息时代，大家过于重视通过技术手段来实现人力资源业务管理，这样就造成了本末倒置，让人力资源业务管理处处受制于相对固化、滞后的人力资源信息产品。

如何突破"管理"的枷锁？如何突破"技术"的瓶颈？

这些年我们一直在思考、探索与研究中西方人力资源管理领域的典型案例、衍化过程、发展趋势，并不断论证与实践。

随着时代的发展，社会变了、环境变了、人文变了、技术变了，人力资源管理也需改变。本着与同行分享与交流之目的，我们把对人力资源管理领域的浅薄见解整理成系列丛书，供大家参阅。

## 一、丛书核心思想

丛书的核心思想就是突破"管理"枷锁，通过"理才"方式淡化"管人"习惯，借助云计算技术，实现理才运营的移动互联，最终全面突破原有人力资源管理领域的业务与应用的模式，在新商业模式中探索一系列新的策略、工具与方法。

● 理才。改变过去"管人"的理念、行为与机制，提出"理才"的思想，以实现"以人为本、尊重人才"，挖掘、盘活、发挥人才的潜能与价值，"人才价值、人才增值、价值变现"是贯穿丛书的主线。

● 互联。一是实现人力资源管理领域内各模块间的业务关系的互联；二是以企业业务价值链为基础，通过领域、行业、外部业务关系寻找各种团队形成、发展的属性，实现团队各层次管理和运营的互联。

● 颠覆。一是对在人力资源管理领域的业务模式进行创新、突破；二是对人力资源管理信息系统的设计、应用与发展趋势进行大胆的预测、颠覆。

## 二、丛书内容简介

从书围绕"理才、互联、颠覆"之核心思想，以"人才价值、人才增值、价值变现"为主线，分为"理才布局、任职资格、能力管理、聚才增值、碎片式学习、卓越绩效、精准薪酬、企业团队与文化、人才互联的力量"等九个主题展开论述，各主题的内容简介如下：

### 1. 理才布局

剖析企业在进行人力资源规划时陷入"无规划有计划、有规划无效果、无规划无计划"的误区与存在的苦恼，突破业界关于人力资源管理的定式与局限，进而提出更为彻底、更为专业、更为有效的人才运营理念、模式与方法。

理才布局，通过突破"管人"、强调"理才"、聚焦"资本"、变现价值、打造合作、借力互联等核心思想，提出"提高度、绘蓝图、定策略、布人才、建模型、设平台"等六大布局。从理才业务蓝图、人才资本、人才编制、人才成本、数据模型等方面进行全面、系统的分析与阐述，并紧密结合云计算技术、移动应用、互联模式，打造全新的理才信息化互联平台与应用。

### 2. 任职资格

当前各种各样的任职资格标准共同的缺陷就是来源于看似深

奥实为呆板的能力素质模型，以此针对职位要求、人才水平进行评估，必然导致结果抽象、复杂、形式化，让投入很多精力、时间、成本的任职资格管理收效甚微。

任职资格管理，通过分析人才价值，形成人才价值链，结合企业核心业务的分解，提炼出最为基本的工作项，然后将相对长期、固定、类似的工作项组成具体职位，再根据工作项的任职要求，形成任职资格标准体系，并按照标准进行管理和评估。这种管理创新，既解决了任职资格标准与评估的依据，也改变了目前"以岗定责""先挖坑再种萝卜""有能力无价值"的定式，代之以"以工作项定职位""先有萝卜再挖坑""由价值评估能力"。

### 3. 能力管理

时下的能力管理，主要聚焦于能力素质标准设计与能力水平的评估，但在实际应用中，它又显得如此无能为力。主要由于能力素质标准与实际业务要求并不匹配，能力提升的布局与企业发展脱钩，人才的能力水平难以客观、准确地评估，人才能力的获取方法太单调、途径过于封闭。

能力管理，超越传统的能力素质定位，从培养、获取人才竞争力的高度，通过人才突出能力超越值分析、团队成员缺乏能力分析、未来业务发展趋势分析，挖掘与发挥人才潜力，引入人才竞争力与投资回报率评估，设计标准的人才竞争力测量模型，最终形成人才能力指标，指导人才与团队竞争力的布局。这便于企业在核心业务或工作项发生变化时，提前部署适应这种多元变化的复杂团队组合。

### 4. 聚才增值

企业招不到人才，人才找不到工作，似乎是人才需求与市场供给永恒的尴尬。是一成不变的人才招聘与甄选方式有问题，或是人才的评估与培养没效果，还是人才的使用与配置不合理？

聚才增值，立足于人才的价值性，引入人才投资理念，根据企业对人才的投入，以及对人才自身价值增长的预测，指导人才的获取。投资式人才获取，通过把工作项与任职要求关联，把工作项与职位关联，进而把任职要求与职位关联，最终实现工作项、职位与人才的多重匹配。在这个多重匹配的基础上，针对人才当前的价值进行评估，预测人才的价值增长情况，然后得出企业投资人才所产生的人才本身的增值与企业收益，并根据不同人才的优势挖掘，形成团队的最佳组合。

### 5. 碎片式学习

"食之无味，弃之可惜"是很多企业对培训的第一感觉。业务部门说浪费时间，老板说花钱不见效果，培训部门则做也不是、不做也不是，如两头受气的小媳妇。那种传统课堂和被迫式的学习，越来越众口难调。随着时代、社会的变化，人们也在变化，"心情浮躁、目的功利、文化快餐、竞争激烈、身心疲惫"反映了人们生活与工作中的心态、行为与习惯所受到的影响。

碎片式学习，借助移动互联的平台与应用，提出碎片式的学习方法，即把培训体系、培训活动、培训课程碎片化，学习内容、学习时间、学习方式碎片化，通过微课堂、微社区、微信、微博等新兴的互联短片与快餐，突破时空限制，达到个性化、圈子化、移动化的自我修炼与成长。

### 6. 卓越绩效

在整个管理界，能够动人心弦的，莫过于声势浩大的绩效管理了。然而，绩效管理到底能为企业带来什么？绩效管理的方法是否合理？这些问题越来越引发管理界的深思与探究。

卓越绩效，根据企业经营业务的核心价值领域、核心价值指标进行分析，设计企业价值模型，形成企业价值链。然后根据经济增加值在业绩评估体系中如何实现，在投资回报预测的范畴内，考虑人才、团队能力的增加值，划分出不同业务策略实现的途径，并通过业绩、差距分析来回归业务策略的科学性、合理性。通过"27相业绩结果"应用模型与方格分析，进行个人与团队的全面业绩与价值评估，最终实现企业与个人合作共赢的卓越绩效。

**7. 精准薪酬**

企业的低成本意识和员工的高待遇期望仿佛永远无法平衡。"稳定"的工作和"满意"的待遇相信是绝大多数员工的追求，但如何评判"满意"，达到什么样的薪酬水平员工才能满意，员工满意了企业是否满意，都是摆在我们面前的问题。

精准薪酬，以人才价值贡献、企业投资收益为核心，剖析企业经济增加值与个人收益、成长、环境之间的关系，结合不同人才、不同工作项的差异点、优势点，设计对应的收益分配模式、特殊激励模式，并分析、对比与指导多种、全面、精准的薪酬分配与激励模式在不同的行业、发展阶段、管理环境中具体运用。

**8. 企业团队与文化**

不管是什么组织类型，似乎永远满足不了企业的发展与变化；不管是什么企业文化，似乎一直是那么"高大上"而不接地气。于是，组织的调整与文化的变革成了企业长期以来需要投入大量精力与时间的活动。

企业团队与文化，通过多象限组织、拉力式组织的形式，彻底颠覆组织结构的设计思路，打造企业团队，走出目前组织低效的困境。当企业组织变成企业团队后，带有新时代特点的企业社区企业文化，涵盖了社会环境对企业文化的冲击，企业所在行业的情况对企业文化的影响，企业投资者和具有实际控制权的高管们对企业文化留下的烙印，不同年代的员工因成长经历、阅历与个性的差异对企业文化的不同理解；阐述了传统观念与现代理念的融合，中华智慧与西方管理思想的融合，不同团队、企业重组带来的不同行事风格的融合，企业高层、中层、基层之间的融合。

### 9. 人才互联的力量

在云计算技术日益成熟、移动应用成为趋势、互联模式无所不在的今天，颠覆传统的人力资源管理信息化系统，打造全新的理才信息化互联平台与应用，是必然的发展趋势。

人才互联的力量，借力互联，通过技术互联、平台互联、应用互联，实现人才工作方式的弹性化、碎片化，达到史无前例的人才信息互联，形成庞大、真实的人才大数据。在人才大数据的基础上，真正实现从"管人"到"理才"、从"使用"到"运营"、从"资源"到"资本"、从"成本"到"价值"的转变。

## 三、读者群体

丛书主要适合各类企业中从事人力资源管理的各层级人员、带领团队的各层级管理人员阅读，可供人力资源管理相关专业类院校的师生研习，也可供政府、事业单位的工作者参考。

## 四、结　语

本拙作，虽然倾注了我们著书团队的智慧与心血，但可能还存在一些问题与疏漏，就当作抛砖引玉，恳请同行们批评指正，期待后续同行们为我们带来更多的智慧。

我们的研究有幸起源于这个商业模式的时代，"以人为中心"

的互联网经济将促使我们采用创新的、跨界的、更加专业的思维来调整我们的管理体系，任何困惑与质疑都阻挡不了这个趋势，我们一直在路上。

陈谏　黄树辉

2015 年 4 月

# 前　言

关于人的管理，从人事管理到人力资源管理，从人力资源管理到人力资本管理，包括管理的思维、策略、手段、方法、范畴、对象和焦点等，均在发生巨大的改变。

关于人的定位，从人力到人才，从资源到资本，不断诠释着人在企业经营中的重要性，而"人才"更在企业经营中发挥着举足轻重的作用。

在瞬息万变、信息爆炸的时代，云计算技术日益成熟，移动互联无处不在，大数据横空出世，人才成就与主宰了这些天翻地覆的变化。

企业经营的布局、市场资源的竞争、产业技术的革命、商业模式的颠覆，一系列的商业活动，都由人才发起，也由人才展开各种智慧的较量。

于是，企业的兴、衰、存、亡，不再是资金独占鳌头，不再是市场独定乾坤。翻云覆雨间，是人才跨越了定式、跨越了时空、跨越了边界；是企业根据人才的思想、行为、习惯、能力、素质对人才进行不同的职业定位，以互联平台、理才运营的方式实现了人才的不同价值。而企业与企业之间、企业与人才之间、人才与人才之间却通过一条共同的价值链实现了大融合、大互联。

在这种大背景下，本书突破传统的因职定薪、因人定薪，转而从企业价值分析出发，以人才价值贡献、企业投资收益为核心，剖析企业经济增加值与个人收益、成长、环境之间的关系，结合不同人才、不同工作项的差异点、优势点，设计对应的收益分配模式、特殊激励模式，并分析、对比与指导它在不同行业、发展阶段、管理环境中的具体运用，从而打破传统薪酬管理中的暗箱操作，实现投资式薪酬的精准定制。

书中对企业价值和人才贡献进行了深入剖析，根据不同企业价值类型辅以不同的薪酬设计策略，在企业价值核心业务分解的工作项价值评估基础上提出了动态薪酬图谱，并结合移动互联的特点对薪酬管理的应用提出了大胆假设，它为薪酬管理领域带来了巨大的创新与深刻的思考，希望能对读者们，特别是广大同行们有所裨益。

# 目 录

## 第一部分　无法调和的薪酬矛盾

**第一章　普遍的"薪"事重重 / 3**

一、员工的抱怨 ........................................................ 3

二、公司的困扰 ........................................................ 5

三、HR 的无奈 ........................................................ 6

本章小结 ............................................................ 8

**第二章　现行的薪酬管理 / 9**

一、薪酬体系概述 ...................................................... 9

二、"薪"事环生的溯源 .............................................. 16

本章小结 ........................................................... 19

## 第二部分　工作价值分析

**第三章　工作价值的界定 / 23**

一、人才的工作价值 .................................................. 23

二、企业价值的类型 .................................................. 24

三、企业价值的来源 .................................................. 26

四、企业中工作价值的衡量 ............................................ 35

本章小结 ......................................................... 39

**第四章　工作价值的精准激励 / 40**

一、引导有效价值的重复出现 ......................... 40

二、基于价值投资的激励 .............................. 43

三、激励方式简介 ........................................ 47

本章小结 ................................................... 51


# 第三部分　基于价值的精准薪酬设计

**第五章　聚焦价值的薪酬理念 / 55**

一、企业价值与薪酬类别 .............................. 55

二、动态的工作价值 .................................... 61

三、因地制宜的薪酬体系 .............................. 66

本章小结 ................................................... 69

**第六章　基于价值的薪酬分配 / 70**

一、职位薪酬基准设计 ................................. 70

二、无效价值与薪酬耗费 .............................. 74

三、有效价值与有效薪酬 .............................. 77

四、机会价值与投资薪酬 .............................. 87

本章小结 ................................................... 92

**第七章　薪酬体系检验 / 94**

一、薪酬结构完整性分析 .............................. 94

二、薪酬体系公平性检验 .............................. 99

三、薪酬激励效果验证 ⸻⸻⸻⸻⸻⸻⸻⸻ 109

本章小结 ⸻⸻⸻⸻⸻⸻⸻⸻⸻⸻⸻⸻ 113

# 第四部分　穿越时空的体验

**第八章　互联的薪酬信息系统 / 117**

一、传统的薪酬信息系统 ⸻⸻⸻⸻⸻⸻⸻ 117

二、云端的薪酬信息系统 ⸻⸻⸻⸻⸻⸻⸻ 120

　　附一：移动的业务处理图示 ⸻⸻⸻⸻⸻ 122

　　附二：直观的数据图表图示 ⸻⸻⸻⸻⸻ 125

　　附三：薪酬业务导航图示 ⸻⸻⸻⸻⸻⸻ 129

　　附四：薪酬信息大数据应用图示 ⸻⸻⸻ 132

本章小结 ⸻⸻⸻⸻⸻⸻⸻⸻⸻⸻⸻⸻ 134

**第九章　互联下的薪酬体验 / 135**

一、投资式薪酬 ⸻⸻⸻⸻⸻⸻⸻⸻⸻⸻ 135

二、没有暗箱的回报 ⸻⸻⸻⸻⸻⸻⸻⸻ 140

三、为自己打工 ⸻⸻⸻⸻⸻⸻⸻⸻⸻⸻ 146

本章小结 ⸻⸻⸻⸻⸻⸻⸻⸻⸻⸻⸻⸻ 150

**附文 A：高管薪酬 / 151**

**附文 B：薪酬调整及跨职位的薪酬结算 / 155**

**附文 C：薪酬现状调研问卷 / 164**

**参考文献 / 169**

# 第一部分　无法调和的薪酬矛盾

　　"稳定"的工作和"满意"的待遇相信是绝大多数员工的追求，但是如何评判"满意"，什么样的待遇员工才满意，员工能否持续满意，员工满意了企业是否满意，都是摆在我们面前的问题。

　　与此同时，企业中资本的逐利性、企业持续经营的需要、对利润的追求、低成本意识、费用控制等，也让企业希望尽可能地降低人才成本、减少人才费用。

　　在现行薪酬体系下，员工对待遇的高期望和企业对低成本的追求，两者之间的矛盾由来已久，并让实施薪酬管理的 HR（Human Resource，一般代指人力资源从业者）们绞尽脑汁、困惑不已。

　　为什么员工对待遇总是不满，真的是公司"太小气"么？

　　为什么企业总是忧心忡忡，费用攀升的同时人才都去哪了？

　　为什么薪酬不能"见光"，神秘的背后隐藏着什么不能说的秘密？

　　为什么企业人力资源从业者对薪酬管理进退维谷？

# 第一章　普遍的"薪"事重重

虽然绝大部分企业将薪资作为天条禁令，严禁公开及讨论，但不管是从各大网络的吐槽帖、市面上的薪酬调研报告，还是企业内部的调研或访谈，都不难看出，薪资待遇已经成为困扰企业员工、老板和 HR 们的心头大事。

## 一、员工的抱怨

虽然薪酬数据讳莫如深，但有趣的是，在对员工离职原因分析的各大报告中，绝大部分企业都是薪酬待遇问题毫无悬念的名列前三甲。可知对员工来讲，薪酬始终是绕不过的弯。

与此同时，薪酬对员工的重要性也毋容置疑。对大部分人来讲，工作收入是支撑日常生活的重要经济来源，也是努力工作的重要动力之一。

员工对薪酬的不满，集中在以下几个方面，如图 1-1 所示：

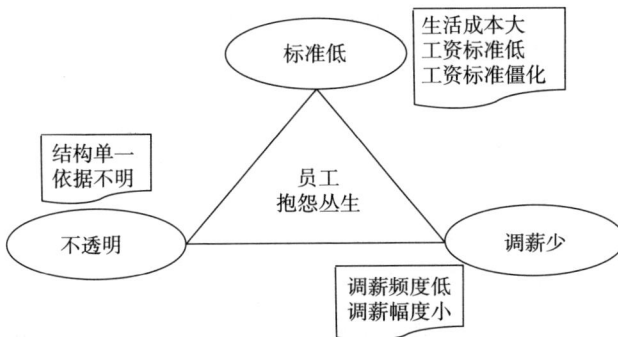

**图 1-1　员工的抱怨**

**标准低**：高企的房价、日益上涨的物价等生活成本无一不让广大职场人士大呼压力山大，面对企业亘古不变、脱离市场的薪资标准，大家也只能摇头感叹薪资标准太低、太古老！

**调薪少**：企业的调薪一般有普调、与市场相关的调整、晋升调整等几类，而这几类调薪又都受到公司的财务状况、预算控制及个人绩效等方面的影响，对大部分人来讲，调薪幅度往往很有限，盼星星盼月亮也很难盼得到。

**不透明**：薪酬结构比较单一，在众多构成中，员工感受最直接的还是工资和奖金，员工不清楚也看不到企业薪酬的其他方面。企业将薪资作为禁令，员工对自己薪资的了解往往只局限于工资条（有的企业甚至没有工资条），对薪资发放的依据也不了解。

在对企业薪酬各种抱怨和不满中，员工很容易产生种种消极心理状态和行为，并给企业带来不良后果，如图 1-2 所示：

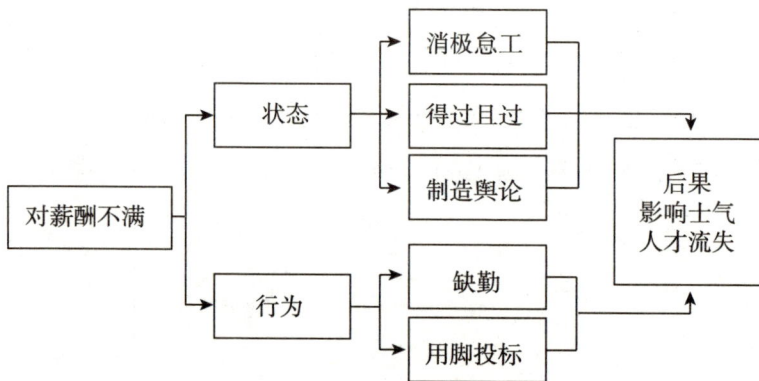

图 1-2　员工对薪酬不满的后果

大部分员工在对自己的薪资不满意后，很容易产生消极心理，怠工行为时有发生，觉得企业亏欠自己，从而不思进取、得过且过（这类人一般在市场上也很难找到其他令人"满意"的工作）。有的员工甚至会发泄不满，向周围同事、向所在团队转移负面情绪、制造各种舆论，最终影响员工士气。

有的员工甚至会用脚投票，另觅他职，且这种情况一般发生在企业核心骨干和关键人才中，因为这类人才的市场机会也相对更多，所谓良禽择木而栖。同时在求职期间因找寻工作的需要，他们也容易发生缺勤行为带来隐形成本，并最终形成人才流失。

## 二、公司的困扰

薪酬待遇，始终是公司无法回避的问题。薪酬水平定多少，如何既在预算范围内又具备一定的外部竞争性，吸引并保留住合适的人才；薪酬构成含哪些，如何扣准员工的"痛点"，经济又实惠；薪酬体系如何支撑公司战略执行，激发大家发挥才智和创造力，达成业绩。这些都是公司关心的核心薪酬问题，并寄予了美好期望。

而在现实中，每当谈及薪酬执行状况，大部分公司却是一肚子苦水，困扰重重，如图1-3所示：

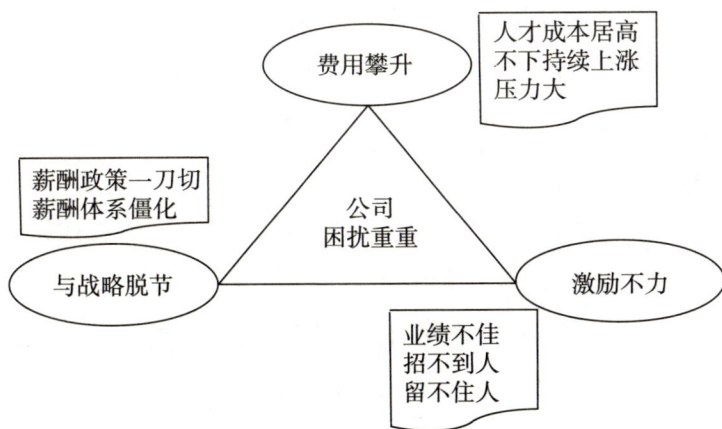

图1-3　公司的困扰

**费用攀升**：一方面是居高不下的人才成本，劳动分配率、人事费用率攀高；另一方面是此起彼伏的员工要求加薪的呼声，圈内"别人家的公司"各种炫耀帖甚嚣尘上。"涨"还是"不涨"，压力重重。

**激励不力**：企业在花费巨额薪酬成本的同时，却没有达到预期的激励效果。员工绩效一如既往的平淡如水，职位有空缺人才却迟迟不到位，核心骨干及关键人才一个个流失，面对这些状况，企业在对员工恨铁不成钢、埋怨 HR 不专业的同时也是束手无策。

**与战略脱节**：公司薪酬体系、政策经常一刀切，既没有考虑不同业务、不同环节的价值特点，也忽视了员工的个性化、多元化的需求，造成薪酬体系与公司战略、业务运营脱节。同时，由于忽视了战略变化和市场环境的变迁，公司死守一套亘古不变的薪酬体系（有的是花巨资请外部咨询公司制定的体系，将之奉若神明而忽视外部环境变化），也常常僵化，甚至是束缚了公司的发展。

## 三、HR 的无奈

HR 作为人力资源从业者，聚焦于对人才的运营，在企业中扮演着重要的角色，如服务支持者、变革推动者、业务部门合作伙伴、员工与公司间利益平衡者等，并根据不同企业的情况在这几方面发挥的作用各有所侧重。

在薪酬待遇方面，HR 往往直接面对员工的各种质疑和诉求，并被期望向上传达、影响决策，最终带来改变，被认为是企业员工的代言人。同时，公司希望 HR 能制定灵活有效的薪酬政策，推动执行之并达到预期的激励效果，当然，必须始终符合公司的整体预算要求，HR 也被认为是公司层面的代言人。

所以，不管是员工对薪酬的抱怨，还是公司老板对薪酬的困扰，最终的反馈和矛盾都聚集到了 HR 身上，双方旗鼓相当，形成了断裂的杠杆。HR 又由于权力有限、精力有限而左右为难，倍感无奈。如图 1-4 所示：

HR:
权力有限
精力有限
左右为难

公司的困扰：
人力成本
居高不下
……

员工的抱怨：
工资太低
调薪无望
……

图 1-4　HR 的无奈

**权力有限：**在实践中，HR 本身作为员工的一员，背后站在公司的角度，面临着业绩和成本的双重压力，可控制的范围很有限；同时又直接面临员工的反馈与呼声，代表公司面对员工的各种诉求，精疲力竭却又无能为力。

**精力有限：**大部分企业的人力资源部虽然已经告别了"人事部"或"人事行政部"的称号，但实际业务仍然很大部分聚焦于基础的人事管理，事务缠身，HR 们疲于奔命，在制定完相关薪酬政策制度之后，没有精力进行广泛的薪酬沟通及期望管理，易造成员工认识不足及公司的不满。

**左右为难：**公司都希望员工自觉不断提高自身能力以适应公司发展，期望员工在工作中可以全身心投入工作，员工应接受公司的管理制度和工作方式等等。而作为员工，希望公司提供优厚待遇、良好的发展空间、多元化丰富的福利、弹性工作时间、及时的认可与激励等等。愿望是美好的，现实是苦涩的，双方不同的需求使他们之间难免存在利益上的摩擦。作为这些摩擦中的平衡力量，HR 处在员工和公司之间的夹心层中，代表谁的利益，怎么平衡？ HR 们也是左右为难、心力交瘁。

## 本章小结

薪酬薪酬，各自"心愁"。员工期望满意的待遇，却是抱怨丛生，不是标准太低、调薪无望，就是结构单一、依据不明，最终影响士气、人才流失；公司期望恰当的激励，却是忧心忡忡，不是费用攀升、激励不力，就是与战略脱节，束缚公司发展；HR 期望平衡好员工和企业之间的利益，却囿于权力有限、精力有限，最终左右为难、心力交瘁。

# 第二章　现行的薪酬管理

从上文可知，大部分企业的薪酬管理并不是那么令人满意，个中滋味各自体会。那么为什么会出现这些现象呢？大家是怎么做薪酬管理的？问题出在哪里？

在探寻解决之道前，本章先对业界现行的薪酬管理做个简要概述，并深入探索产生上文这些现象的原因。

## 一、薪酬体系概述

### （一）薪酬概念解读

薪酬，由薪和酬组成，拆开来看分别蕴含着深刻的含义：

**薪**：指薪资，所有可以用现金、物质来衡量的个人回报都可以称之为"薪"，也就是"薪"是可以数据化的，我们发给员工的工资、保险、实物福利、奖金、提成等等都是"薪"。做工资、人工成本预算时我们预计的数额都是"薪"。

**酬**：报酬、报答、酬劳，是一种着眼于精神层面的酬劳。如良好的办公环境、弹性的工作时间、培训机会等。有不少的企业，给员工的工资不低，福利不错，员工却还对企业诸多不满，到处说企业坏话；而有些企业，给的工资并不高，工作量不小，员工很辛苦，但员工却很快乐，为什么呢？究其源，还是在付"酬"上出了问题。当企业没有精神，没有情感时，员工感觉没有梦想，没有前途，没有安全感，就只能跟企业谈钱，员工跟企业间变成单纯的交换关系，这样的单纯的"薪"给付关系是不足够让员工产生归属感的。

"薪"和"酬"就像硬币的两面，必须同时存在，同时考虑。"薪"和"酬"，亦可以称之为经济性因素和非经济性因素，一起组合成薪酬，所包含的内容如图2-1所示：

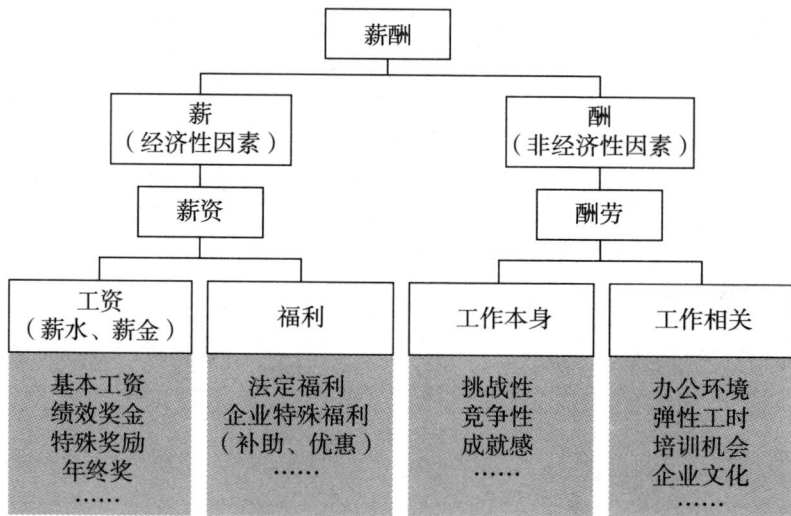

```
                          ┌──────────┐
                          │   薪酬   │
                          └────┬─────┘
              ┌────────────────┴────────────────┐
        ┌─────┴──────┐                    ┌──────┴─────┐
        │    薪      │                    │    酬      │
        │ (经济性因素) │                    │ (非经济性因素)│
        └─────┬──────┘                    └──────┬─────┘
        ┌─────┴──────┐                    ┌──────┴─────┐
        │    薪资     │                    │    酬劳     │
        └─────┬──────┘                    └──────┬─────┘
     ┌────────┴────────┐            ┌────────────┴──────────┐
┌────┴────┐      ┌─────┴───┐   ┌────┴────┐          ┌───────┴───┐
│  工资    │      │  福利   │   │ 工作本身 │          │  工作相关  │
│(薪水、薪金)│      │         │   │         │          │           │
├─────────┤      ├─────────┤   ├─────────┤          ├───────────┤
│ 基本工资  │      │ 法定福利 │   │ 挑战性   │          │ 办公环境   │
│ 绩效奖金  │      │ 企业特殊福利│  │ 竞争性   │          │ 弹性工时   │
│ 特殊奖励  │      │(补助、优惠)│  │ 成就感   │          │ 培训机会   │
│ 年终奖    │      │ ……     │   │ ……     │          │ 企业文化   │
│ ……      │      │         │   │         │          │ ……       │
└─────────┘      └─────────┘   └─────────┘          └───────────┘
```

**图2-1　薪酬内涵**

从图2-1我们也可以看出，我们通常在工作中所用的工资、薪水、薪资、薪酬等概念，并不是同一含义的不同表述，它们之间既有区别又有联系。薪酬是最广泛的概念，薪资是薪酬中的货币部分，工资则是薪资的组成部分之一，日常生活中常用的"薪水"一般等同于工资：

**薪资（pay）**：主要指货币薪酬，对应薪酬的经济型因素"薪"。它不仅包括劳动报酬，也包括其他货币收入，如工资、奖金、各种福利津贴、分红和股票收益等。

**工资（wage）**：是最基本的薪酬形式，是薪资的组成部分，也是劳动者劳动收入的主要部分。在这里需要注意的是，与工资同一含义的薪水、薪金（salary）一般用来指白领员工和国家公务员的工资收入。

**福利（benefits）**：含法定福利，如各地对五险一金的规定；企业福利，如过节费、新生儿补贴、丧葬费等；及其他特殊福利，如通勤班车、下午茶等。

（二）现行薪酬体系

薪酬管理，是在组织发展战略指导下，对员工薪酬支付原则、薪酬策略、薪酬水平、薪酬结构、薪酬构成进行确定、分配和调整的动态管理过程。它包括薪酬策略、薪酬体系设计和薪酬日常管理几方面，如图2-2所示：

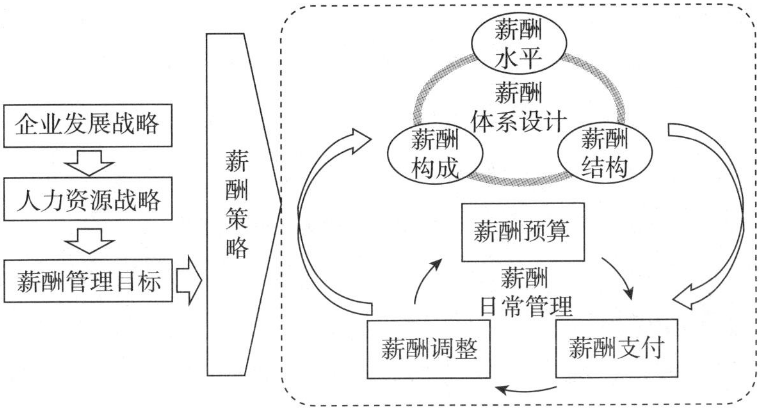

图 2-2　现行薪酬体系

**薪酬管理目标：**薪酬管理的目标来源于人力资源战略，是为实现企业发展战略而服务的。故薪酬管理不应是孤立的体系，必须始终围绕薪酬管理的目标，支撑组织战略发展，确保那些以正确的方式完成正确目标的员工能够获得正确的报酬，并据此来指导薪酬体系设计和日常管理。

**薪酬策略：**薪酬策略是根据薪酬目标确定的对薪酬体系设计及薪酬日常管理的指导原则与指导思想。它强调的是相对于市场、相对于竞争对手来讲其薪酬支付的标准和差异。

**薪酬体系设计：**主要是薪酬水平设计、薪酬结构设计和薪酬构成设计。薪酬设计是薪酬管理最基础的工作，如果薪酬水平、薪酬结构、薪酬构成等方面有问题，企业薪酬管理不可能取得预定目标。

**薪酬日常管理：**是由薪酬预算、薪酬支付、薪酬调整组成的循环，这个循环可以称之为薪酬成本管理循环。薪酬预算、薪酬支付、薪酬调整工作是薪酬管理的重点工作，应切实加强薪酬日常管理工作，以便实现薪酬管理的目标。

薪酬体系设计是指导薪酬日常管理正常运行的依据和前提。薪酬体系建立起来后，应密切关注薪酬日常管理中存在的问题，及时调整公司薪酬策略，调整薪酬水平、薪酬结构以及薪酬构成以实现效率、公平、合法的薪酬目标，从而保证公司发展战略的实现。

薪酬日常管理也是优化薪酬体系设计的来源和影响因素。在执行日常薪酬管理过程中，要随时发现问题、记录问题、思考问题，最终指导、优化薪酬体系设计，以便促进薪酬执行的更佳管理，从而形成良性循环。

### 1. 薪酬管理目标

薪酬管理最终是为了支撑企业发展战略的实现，在这个过程中，薪酬管理应达到以下三个目标：效率、公平、合法。效率和公平是薪酬激励发挥作用的必要条件，而合法性是薪酬管理的基本要求，因为合法是公司存在和发展的基础。

**效率目标：**效率目标是从薪酬的投入产出角度来衡量的管理目标，其本质是用适当的薪酬成本给组织带来最大的价值，投入和产出分别指薪酬成本和薪酬给组织绩效带来的价值。

**公平目标：**公平目标包括分配公平、过程公平、机会公平等三个方面的内容。分配公平是指组织在进行人事决策、决定各种奖励措施时，应符合公平的要求；过程公平是指在决定任何奖惩决策时，组织所依据的决策标准或方法符合公正性原则，程序公平一致、标准明确、过程公开等；机会公平指组织赋予所有员工同样的发展机会，包括组织在决策前与员工互相沟通，组织决策考虑员工的意见，主管考虑员工的立场，建立员工申诉机制等。如果员工认为受到不公平对待，将会产生不满。

合法目标：合法目标是企业薪酬管理的最基本前提，要求企业实施的薪酬制度符合国家、省区的法律法规、政策条例要求，如不能违反最低工资制度、法定保险福利、薪酬指导线制度等的要求规定。

**2. 薪酬策略**

薪酬策略包含四个方面：

一是薪酬水平策略，即领先型、跟随型还是滞后型，或是在企业中针对不同的部门、不同的职位、不同的人才，采用不同的薪酬策略，即混合型。确定企业的薪酬水平在市场上的竞争力。

二是薪酬激励策略，即重点激励哪些人群，采用什么样的激励方式，重点激励的内容等。

三是薪酬结构策略，即薪酬应当由哪些部分构成，各占多大比例；薪酬分多少层级，层级之间的关系如何。不同结构及层级体现了薪酬的激励力度。

四是薪酬组合策略，指企业向员工支付的总薪酬有哪些薪酬形式，这些薪酬形式之间是以怎样的形态组合的。薪酬组合策略包括组合类型策略和组合比例策略。

薪酬策略不是孤立的，必须与薪酬目标、企业发展战略相匹配，并体现在薪酬体系的设计及日常管理中。

**3. 薪酬体系设计**

（1）薪酬水平

薪酬水平是解决薪酬体系中"发多少"的问题。

薪酬水平是指企业内部各类职位和人员平均薪酬的高低状况，是相对于其竞争对手的组织整体的薪酬支付实力，它反映了企业薪酬的外部竞争性。薪酬水平反映了企业薪酬相对于当地市场薪酬行情和竞争对手薪酬绝对值的高低。它对员工的吸引力和企业的薪酬竞争力有着直接的影响，其数学公式为：薪酬水平＝薪酬总额／在职员工人数。

薪酬水平的高低会受劳动市场、产品市场、企业特征、经营战略几方面的影响。一般来说，劳动力市场，即人才的供给和需求状况，会影响企业的人才雇佣数量及雇佣价格，人才越稀缺越不可替代，企业需要支付的价格也越高；而企业在产品市场、要素市场上的竞争状况在很大程度上决定了企业薪酬的支付能力；企业特征，如经济效益、管理导向、行业性质等则从本质上决定了企业薪酬的支付能力；经营战略决定企业对不同职位薪酬水平的支付意愿，如竞争战略对企业薪酬水平最为直接，它反映了企业经营业务对环境的反应；低成本战略会考虑控制薪酬水平；而差异化和创新战略则会在薪酬水平策略选择上较为宽松。

（2）薪酬构成

薪酬构成是解决薪酬体系中"发什么"的问题。

薪酬构成也就是指薪酬的构成要素，明确不同类型人员的薪酬构成有哪些。如前文图 2-1 所示，薪酬形式有很多，有经济性因素，也有非经济性因素，有长期的，也有短期的，企业要根据不同业务需要及不同薪酬形式的特点，结合期望达成的激励效果，相应选择薪酬组合，确定本企业的薪酬构成。

（3）薪酬结构

薪酬结构是解决薪酬体系中"怎么发"的问题。

薪酬结构是指薪酬的各构成部分分别占多大比例；薪酬分多少层级，层级之间的关系如何。它是对同一组织内不同职位、不同技能所得到的薪酬进行的各种安排，强调薪酬水平等级的多少、不同薪酬水平之间级差的大小以及决定薪酬级差的标准，它反映了企业对不同职务和能力的重要性及其价值的看法。

反映薪酬中工资构成的一些常用指标有薪酬固浮比、级宽、级差、级间重叠度等。

薪酬固浮比是指薪酬构成中，固定部分薪酬（主要指基本工资）和浮动部分薪酬（主要指奖金和绩效薪酬）的比例。固浮比越高，固定部分所占比重越大，薪酬策略越趋稳，员工的收入非常稳定，几乎不用努力就能获得全额的薪酬；反之，则表明弹性越大、激励性越强。

级宽、级差及级间重叠区如图 2-3 所示：

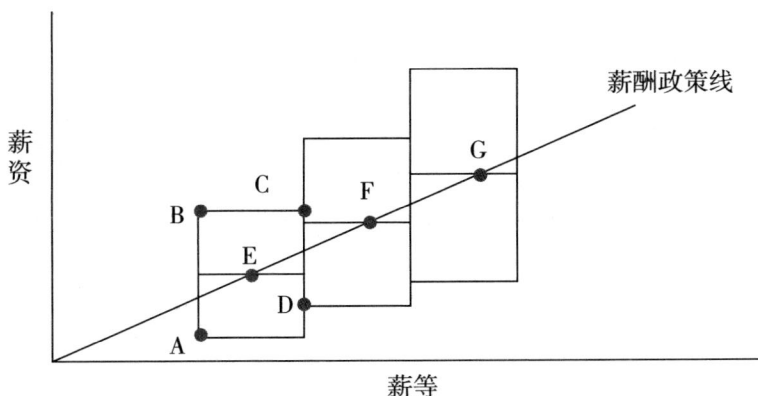

图 2-3　薪酬构成

AB 表示级宽，CD 表示级间重叠区，EF、FG 表示级差。级宽越大，同一等级薪资范围越广；级差越大、级间重叠区越小，表明不同薪等间薪酬差异越大，激励性越强。

薪酬结构必须满足公司经营对薪酬的基本要求——三个公平性和可操作性。薪酬公平性主要体现在三个方面——薪酬的对内公平、对外公平和个人公平。薪酬的可操作性是指薪酬在实际运行中，能够满足员工职位调整、能力晋升、业绩认可等对薪酬调整的要求。

（4）薪酬日常管理

**薪酬预算：** 薪酬预算是指组织在薪酬管理过程中进行的一系列人工成本开支方面的权衡和取舍，也就是狭义的人才成本预算。它是人力资源规划的重要组成部分，也是企业财务预算的重点关注内容之一。通过合理的薪酬预算，可以促使人才成本增长与企业效益增长相匹配，影响员工流动率将之控制在预期范围内，并能引导员工行为使之符合组织期望。关于薪酬预算的含义及编制方法可参照本丛书之《理才布局——人力资源规划》的详细说明，此处略过。

**薪酬支付：**薪酬支付是指将企业与员工之间的薪酬协议交付执行，如工资核算发放、奖金支付等。薪酬支付须符合法律法规的相关规定，同时可合理选择方式和时机，避免"多发1元加税1000"现象的发生。

**薪酬调整：**薪酬调整是联系员工与企业共同发展的纽带。企业一般会在每年年底进行新一年度的薪酬预算，对上一年度的薪酬状况进行分析和评估，根据企业发展状况、员工绩效确定薪酬调节幅度，让员工感受到与企业的共同成长，并根据上一年的薪酬执行状况优化完善薪酬体系，所以它包括对薪资水平的调整及对薪酬体系的优化两个方面。

需要注意的是，在整个薪酬体系中，薪酬沟通至关重要。薪酬沟通是指管理者与员工在互动过程中通过某种途径或方式将薪酬信息、思想情感（期望值管理）相互传达交流，并达成一致的过程。薪酬沟通很有必要，能够及时将公司的薪酬信息向外传达，使薪酬计划能被员工理解及接受，并使员工的期望值处在适当的水平；同时能及时获取员工的建议和反馈，进一步优化及完善薪酬管理。

薪酬沟通是企业薪酬管理中不可或缺的组成部分，贯穿于薪酬方案出制订到实施、控制、调整的全过程。一般有书面沟通和面谈沟通的方式。书面沟通如将薪酬体系、政策、制度等信息通过邮件告知，或是书面签署、公告栏"广而告之"等；面谈沟通，如个别谈话、团体讲授等。

## 二、"薪"事环生的溯源

在本套丛书之《理才布局——人力资源规划》一书中，已经对"管人"和"理才"的概念、内涵及特点做了详细阐述，并指出，目前很多人力资源管理问题的存在，都是因为企业把员工只视为"人力""资源"来使用，而没有把员工当成"人才""资本"来运营。

对人力的管制和约束，侧重成本管控和流程优化。所以，在流行的薪酬管理中，大部分企业之所以出现员工抱怨、公司困扰、HR无奈等种种现象和问题，其根源也在于他们在整个薪酬管理中将之作为管人的手段，聚焦于成本，倾向于成本控制，忽视各业务领域的特点，并因而造成了一系列问题及困局，如图2-4所示：

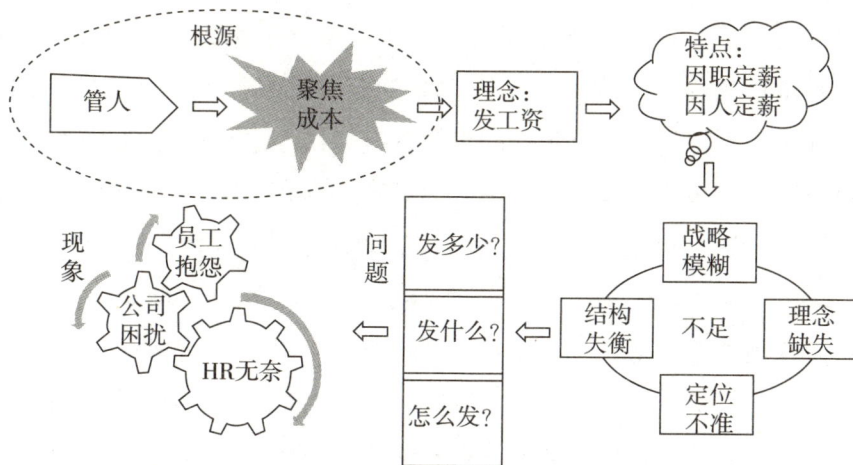

**图2-4　薪酬管理问题溯源**

**（一）根源：管人导致的聚焦成本**

很多企业对员工的定位还停留在"人力"阶段，并对之实行各种管理和约束策略，在薪酬待遇上，则是能省就省，希望能最大限度地降低企业的成本。在这个过程中，企业一方面忽视了人的价值性和创造性；另一方面也忽视了企业不同业务领域的价值特点、人员特点等，而是片面追求成本控制，对薪酬采取千篇一律的一刀切管理，脱离业务及人员的实际需要。

**（二）理念：发工资**

因为根深蒂固的"管人"思想，这些企业在制定薪酬政策、执行薪酬日常管理中，聚焦于成本控制，并将企业经济增加值完全视为自己财力、物力、运营等带来的增值，员工在这个过程中只是参与者、执行者。因此企业赚的钱主要是企业的功劳，企业作为主动方、施与方，是在给员工发工资。在这些企业老板的脑海中，双方关系强烈不对等。

（三）特点：因职定薪、因人定薪

正因为这些企业绝对主导了发工资的过程，员工只是被动的接受，所以发多发少都是老板说了算。发多了，是老板大方；发少了，是老板抠门，而与员工业绩、能力等关系不大。发薪依据则是对"日久失修的"职位价值体系及在此基础上建立的薪酬标准抱残守缺，殊不知业务"世间"已百年。有时工资的发放甚至取决于老板的心情和他／她观察到的员工近期的表现（一般企业工资发放具有延时性，即当月发的是上个月的工资），或其他人情远近亲疏的考虑，因人定薪，随意性很大。

（四）不足：战略模糊、理念缺失、定位不准、结构失衡

发多发少老板说了算，在严控薪酬成本的同时，自然没有考虑到薪酬战略，即要实现怎么样的管理目标，如何支撑企业发展，帮助企业吸引优秀人才、挽留核心骨干等；也没有薪酬理念，薪酬成本预算及管理，甚至由财务部的某个财务专员作为财务管理的某个附属工作来执行，从思想上、理念上都没有重视薪酬管理的重要性，不知道该根据什么来发工资；基本没有定位，一般老板说了算的企业也没有相关的考核制度，或者只是走过场，定位取决于老板的主观判断，员工的感受如何，企业的效率如何，是否有公平感可言基本没有关注；当然，主观的一言堂最终导致的薪酬结构也失衡，不同职位序列间、不同级别间的薪酬差异五花八门，没有规律可言。

（五）问题：发多少？发什么？怎么发

一系列的不足自然易产生几个明显的问题：

企业到底该发多少？企业盈利了是不是要多发，多发多少？企业亏损了可不可以少发？其他企业怎么发的？我发的比市场上的水平如何？每个员工该发多少？员工表现好了怎么发？员工表现差了该怎么发？……这些老板在拍脑袋的同时想不清楚这些问题。

该发些什么？给谁发工资？每个业务领域都一样吗？不同人群一刀切吗？能力越高工资越高？绩效越好钱越多？职位价值有没有关

系？还是能力、绩效、职位价值都要考虑？……"我是在给员工发工资呀，真的要考虑这么多么？"大部分老板高高在上又小心翼翼的偶尔这么想。

有了预算，也明确了发放对象（理念），但是怎么发也是个关键的问题。薪酬结构和构成的安排会影响激励的倾向和效果。不同职位序列的工资标准可以一样么？基本工资可以设为 0，工资全靠业绩提成么？福利水平越高越好么？……这些都是需要仔细思考和回答的问题。

（六）现象："薪"事重重

在发多少、发什么、怎么发都不清晰和明朗的情况下，很多企业自然会出现本书第一章所提到的"薪"事重重的现象，即员工抱怨丛生、公司困扰重重、HR 左右为难。

由上可知，目前薪酬管理出现的种种问题，根源就在于薪酬体系中"管人"导致的"聚焦成本"，由此导致企业无视各业务领域的差异性、及不同业务活动的特点，固守因职定薪、因人定薪而产生一系列的问题。

## 本章小结

薪酬包含经济性因素和非经济性因素，不同因素的组合构成了企业不同的薪酬形式，并会产生不同的激励导向及效果。流行的薪酬管理是从企业发展战略、相应的人力资源战略出发，制定薪酬目标，设计薪酬体系（含薪酬水平、薪酬构成和薪酬结构），并进行日常的薪酬管理（含薪酬预算、薪酬支付、薪酬调整）。

在执行薪酬体系的过程中，大部分企业由于将员工视为"人力"，是在"管人"，忽视企业不同业务领域的价值特点、活动特点及人员需求，一刀切地聚焦于成本控制，由此产生了一系列的问题和现象，成为很多企业"薪"事重重的根源所在。

# 第二部分　工作价值分析

　　对人力的管制和约束所带来的问题越来越明显，传统的聚焦成本的薪酬管理效果不尽如人意，探求先进的薪酬管理模式已势在必行。然而，仅从薪酬理念、模式、政策等出发，对原有的薪酬体系进行改进与调整，只会带来局部的改进，或是陷在顾此失彼的困局之中。

　　要改变这种困局，必须紧扣源头，突破原有的因职定薪、因人定薪，需把"人才"视为企业的"资本"，抓住企业经营活动的本质，围绕企业的有效价值，分析企业不同价值类型的来源及特点，聚焦人才的价值活动，做到因价值来定薪。

　　这首要的问题就是要分析人才的工作价值，以及人才的工作价值与企业价值的关系，并探索如何来引导有效价值的重复出现，采取恰当的激励措施，实现企业价值的追求目标，即更多的有效价值、适当的机会价值、更少的无效价值。

# 第三章　工作价值的界定

个人在企业中的工作具备多重价值，不管是对个人、对企业还是对社会都有不容小觑的意义。根据经济价值的有效性及实现时间，企业价值可分为有效价值、机会价值和无效价值，不同类型的企业价值来源不同。在企业中，工作价值需变现为企业的有效价值或机会价值，而个人在不同阶段或企业内不同的职位序列，这个变现过程会呈现不一样的特点。

## 一、人才的工作价值

人才在企业中的劳动，也就是工作，能产生什么价值，可以从对个人、对企业、对社会这三个角度来进行分析。

### （一）个人的需求满足

一个人为什么要工作，是什么让他/她留在了职场，这与他/她的需求有关。有的人是为了经济收入，工作是收入的来源，是养家糊口、提高生活品质的重要支柱；有的人是为了增长经历、积累经验，实现自我学习与成长；有的人是为了充实生活、实现自我，侧重于追求精神上的满足；还有的人可能并没有想清楚自己工作的意义，只是出于一种随波逐流、不让自己成为异类的社交安全上的需求等等。马斯洛需求层次理论将人类需求像阶梯一样从低到高按层次分为了生理需求、安全需求、社交需求、尊重需求和自我实现需求等五种，也就是说，对个人来讲，工作的价值在于能实现他/她关注的某种需求。

## （二）企业的价值实现

企业要实现业绩，不是光有资金、机器和办公楼就能实现的，必须有人把这些资金、技术、物资等资源充分调动起来，结合自己的聪明才智来实现。那么人才在实现企业价值中变得至关重要，而工作价值的大小对企业来讲可从两方面来衡量，一是职位本身的价值，二是工作业绩。

**职位价值：** 职位价值是个人在企业中价值创造的基准，在其位、谋其职，职位职责表明他 / 她应该完成这么多、创造这么多。当职位的颗粒度越小，细化到每一个工作项，工作项的职责和价值就成为个人工作价值的标杆。

**工作业绩：** 工作业绩是指个人的实际工作表现，含过程和结果两个方面，过程是否符合企业的文化和价值观导向，结果是否达到预期。也就是说，个人的工作业绩有可能不达标，也有可能超出预期；有可能给企业带来了经济价值，有可能造成了很多浪费，也有可能提前预埋下企业未来的价值点。工作业绩表明了个人在企业中的实际工作价值。

对工作业绩与职位价值（或实际承担工作项集合的价值）之间的差额进行分析，并结合任职资格可探索企业的人职匹配情况、人才价值利用率、管理机制等。

## （三）社会的和谐发展

工作让个人找到归属，解决了个人的问题、减少了不稳定因素，有利于社会的和谐稳定。同时价值创造也给社会创造了巨大财富，为社会进一步发展积累了物质和精神上的基础，促进社会进一步发展。

## 二、企业价值的类型

企业价值，指企业的各种经济价值，具体形式如收入、收款、利润等，是站在企业的角度对经济价值的度量。

对企业来讲，根据价值是否有效及是否在当期实现，企业内的价值可分为有效价值、无效价值和机会价值等三类，如图 3-1 所示：

已实现

无效价值　　　　有效价值

无效 ——————————————— 有效

机会价值

——

潜在

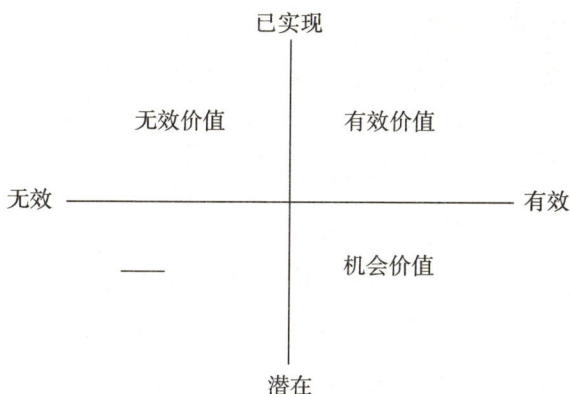

图 3-1　企业内的价值类型

（一）有效价值

有效价值对应图 3-1 中的第一象限，是相对企业而言的、与企业战略发展及竞争力提升相关，并带来经济价值变现的活动产生的价值。如某项市场推广活动给企业营业额增收 100 万元，这个 100 万元就是市场推广活动带来的有效价值，这个市场推广活动就是有效价值作业活动。

（二）无效价值

无效价值对应图 3-1 中的第二象限，与有效价值相对应，在企业中还有无效价值。这里的"无效"不是说没有用，而是指不能直接给企业带来经济价值变现的价值投资，是企业的负支出，但有时候也是一种必要的支出。

（三）机会价值

机会价值应图 3-1 中的第四象限，机会价值不同于有效价值和无效价值，它不是当期实现的价值，而是通过业务储备、产品储备投资等，预期未来能带来有效价值的价值。也就是说机会价值是具备一定确定性的、在未来实现的有效价值，它依赖于现阶段的业务储备、产品储备、人才储备及相关的业务活动等。

至于图 3-1 中的第三象限，当期没能带来有效价值，且判断以后也不能带来有效价值；有可能是确实没有价值，也有可能是企业有待挖掘的宝藏，暂不纳入本书的分析范围。

企业某个阶段的总价值就是这三类价值的总和，其中该阶段机会价值是指预期投资收益实现后的价值在当期的贴现部分。公式如下：

$$企业总价值 = 有效价值 + 机会价值_{贴现} + 无效价值$$

企业总是希望有更多的有效价值和更少的机会价值，希望机会价值全部能变现，然而由于无效价值的必然性、机会价值的风险性，企业中不同价值类型所占的比重有其规律性，一般来讲，有效价值、机会价值及无效价值三者的比例维持在 6∶2∶2 为宜。

### 三、企业价值的来源

企业价值有了明确的区分，接下来就需要明确不同价值类型的来源，以有针对性的部署业务，实现更多的企业价值追求。

#### （一）有效价值的来源

有效价值是人才通过在企业内的价值创造活动产生的、与企业发展战略及核心竞争力相匹配的经济价值，所以有效价值肯定来源于企业内人才的各种有效价值作业活动，这种作业活动必须与企业中的核心竞争力和竞争优势密切相关。故对于企业内有效价值的来源，重点在于确定企业内哪些活动是有效价值创造的主要领域，如图 3-2 所示：

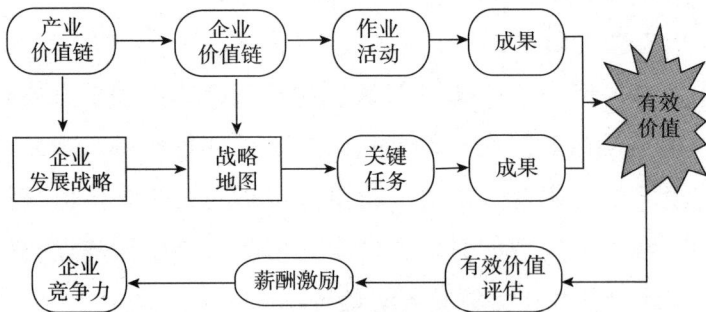

**图 3-2　有效价值的来源**

图 3-2 表明了有效价值的来源、评估，以及有效价值如何对企业竞争力及企业在产业价值链中的定位产生影响，共有三条主线：

一是价值链与有效价值。该主线从价值链角度来识别企业的有效价值，侧重从产业价值链分析出企业的竞争优势，从企业价值链识别企业的核心竞争力所在，从而通过强化相关业务领域的作业活动来创造业绩成果，实现企业的有效价值。

二是企业战略与有效价值。该主线从战略角度来识别企业的有效价值，同时又与价值链分析密切相关。从产业价值链分析中可知企业必须抓住的战略控制点，从而指导企业的战略布局，形成战略地图，聚焦企业的关键任务及关键绩效控制点，通过相关作业活动创造业绩成果，从而来实现企业的有效价值。

三是企业竞争力与有效价值。界定出有效价值活动、创造出有效价值后，通过价值创造的过程和结果给予恰当评估，并在此基础上给人才一定的薪酬回报，激励人才提升有效价值创造的效率和效果，提高有效价值比率，强化企业竞争力，进而影响企业在产业链中的定位，调整、优化企业内部的价值链，修正企业的有效价值活动，提升有效价值创造。

这三条主线彼此相关，相互影响、相互作用，形成了互动和联动的闭环。

## 1. 价值链与有效价值

不同的企业参与的价值活动中，并不是每个环节都创造价值，实际上只有某些特定的价值活动才真正创造价值，这些真正创造价值的经营活动，就是价值链上的"战略环节"。企业要保持的竞争优势，实际上就是企业在产业价值链某些特定的战略环节上的优势。当辨别出价值活动后，企业所要考虑的是，哪些价值活动能创造最高的附加价值，哪些价值活动是自己所累积培养的核心能力，哪些是关键活动；然后再思考这些活动是由组织自己承担，还是由别人来代工，并以此来指导人才运营工作的开展，如招聘对象选择、培训预算安排、薪酬设计等。

如某餐饮行业软件开发公司，通过产业价值链分析，发现该企业竞争优势在于技术研发，可定位于该产业中的技术研发类企业，也就是它处于其所在产业价值链的技术研发环节；通过企业价值链分析，发现它的战略环节的核心竞争力在于研发和销售两个业务单元，那么它的有效价值就会主要来自研发和销售展开的相关活动。研发相关活动如产品规划、设计、开发、测试、架构、平台等，销售相关的活动如售前、实施、销售、渠道等，如图3-3所示：

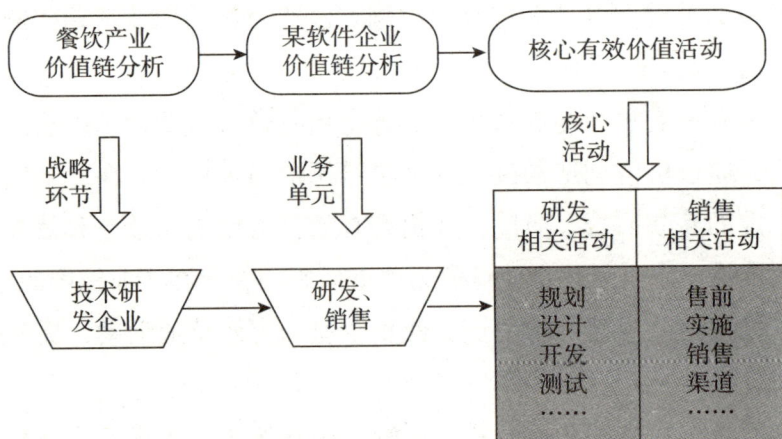

图 3-3　某软件企业的有效价值活动（Ⅰ）

识别出核心的有效价值活动领域后，企业就知道了有效价值的来源，该企业就可以强化研发和销售活动，并在今后的人才运营中有所侧重，如招聘、培训时重点关注研发类、销售类人才，并充分利用薪酬分配的激励作用，重点吸引保留从事有效价值活动的人才。

### 2. 企业战略与有效价值

企业发展战略与企业在产业价值链中的定位有关，并指导企业战略地图的绘制和分解，有效价值必须符合战略地图描绘的关键任务和绩效所关注的重点，以有效支撑企业发展目标的实现。战略分析明确了企业的关键任务，而战略地图为有效价值的实现提供了结果性和过程性的目标和评价标准，并从战略层面佐证企业核心价值点所在，所以有效价值活动也必须与战略地图重点关注的领域保持一致。

如上文提到的某餐饮行业软件开发公司，经过价值链分析可知它的有效价值集中在研发和销售的相关活动中。从企业战略角度来看，要想成为行业领先者，该企业提出几个策略指标，如市场占有率必须达到××%、客户满意度在××分以上，这些指标既引导企业将有效价值活动聚焦在如何打造过硬的产品及到位的服务上，又为检验研发和销售相关活动是否有效提供衡量和评估的标准，如图3-4所示：

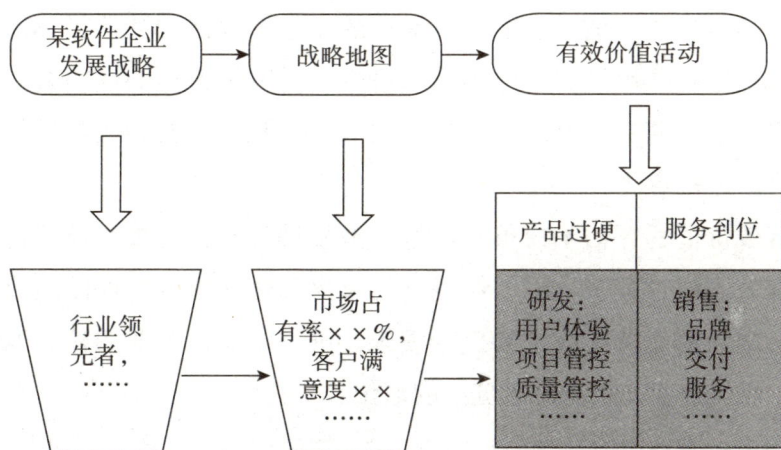

**图3-4　某软件企业的有效价值活动（Ⅱ）**

综上，企业中的有效价值活动就是其战略环节下的关键业务单元内的核心活动。而由于价值链与战略地图某种程度的一致性，两者从不同角度为有效价值活动的界定及评估指明了方向和依据。价值链分析通过识别企业的竞争优势和核心竞争力所在，为界定有效价值活动指明了方向；企业战略分析则从企业发展目标及如何实现目标角度，阐明企业必须关注的核心领域及核心绩效指标，为有效价值活动的界定和有效价值评估提供了标准。

### 3. 企业竞争力与有效价值

界定和识别企业的有效价值活动是为了有针对性地、更高效率地创造有效价值。当有效价值实现后，如何评估有效价值及人才在有效价值创造中发挥的作用，以及如何让有效价值活动发挥应有的作用并重复出现，促使企业竞争力的提升，成为摆在眼前的问题。

（1）有效价值的评估

有效价值的评估包含两个方面的内容：一是对企业的有效价值的评估。这个一般比较好操作，因为企业的很多财务数据都能很直观、客观地说明有效价值作业活动的效率，以及创造的有效价值的高低，如收入是多少、收款有多少，利润有多少等等。二是对员工在有效价值创造中的贡献的评估，这个可以参照战略地图提出的绩效目标要求和衡量标准，或劳动经济价值衡量来进行。对有效价值的评估方式和策略等内容可参照本丛书之《卓越绩效——互联时代的绩效管理》的详细说明，此处略过。

有效价值的评估不仅可以促进企业发展目标的达成，还能挖掘在实现有效价值过程中出现的问题，为改进和优化有效价值的达成提供思路，帮助企业持续改进和提升绩效，进一步识别企业的核心竞争力所在，强化企业在产业价值链中的地位。

（2）企业竞争力

企业竞争力是指在竞争性市场条件下，企业所具有的，能够比其他企业更有效地向市场提供产品和服务，并实现自身价值的综合性能力。

衡量企业竞争力的一个核心指标就是有效价值比率。有效价值比率的计算公式如下：

有效价值比率＝有效价值/（有效价值＋无效价值＋机会价值）×100%

有效价值比率反映了企业的有效价值创造活动的效率。有效价值比率越高，说明企业的价值变现能力越强，进而能够反映出企业的运营效率、产品布局、人员安排等效果。

企业竞争力与有效价值之间密切相关，正是通过企业的竞争力分析，找准企业在产业链中的定位，明确企业的发展目标，进而识别出企业的有效价值活动，提高有效价值创造的效率；对有效价值活动的界定会影响企业对自身持有的竞争力的判断，而对有效价值的评估和回报方式及策略会影响有效价值目标的达成，并对有效价值比率以及企业的竞争能力造成影响；企业竞争力和有效价值都是关注企业的核心价值点，即能够帮助企业获取竞争优势的关键战略环节。所以，企业竞争力分析也是有效价值分析中必不可少的环节。对有效价值的评估可以帮助企业进一步识别和强化企业竞争力，从而改进和强化企业在产业价值链中的优势和地位。

（二）无效价值的来源

无效价值的"无效"就表明了它对企业的经济效用为 0，甚至是负的。有的无效价值可以通过优化流程和制度规定等管理手段来减少，有的无效价值却是必然的存在，这与无效价值的来源有关，如图 3-5 所示：

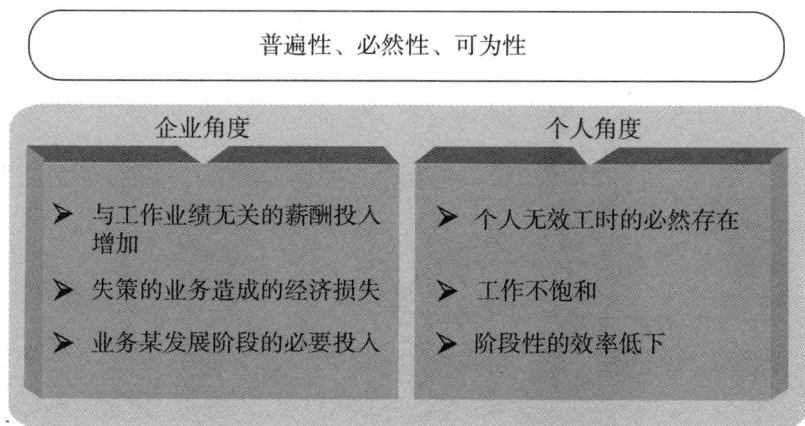

图 3-5　无效价值的来源

从企业角度讲，无效价值一般来源于以下几种情况。

**1. 与工作业绩无关的薪酬投入增加**

因各种原因，企业不得不增加薪酬投入，且这种增加的投入并不是基于企业经济价值或员工工作业绩的改善，一般有以下几种情况：

（1）市场价格水涨船高

CPI上涨、人才供求关系紧张等造成市场上同类人才的薪酬普遍上涨，企业不得不随之水涨船高进行薪酬调整来增加投入，这部分增加的投入与企业经济价值的增加关系不大，反而是企业的经济支出，一般情况下具有常规性和频发性。

（2）对机会成本的补偿

基于机会成本造成的薪酬支付，这里又有以下几种情况：

出于职能安排，工作内容具有突发性、工作强度具有随机性，如企业聘请的司机，就算没有出勤业务，导致这个司机一个月内没有出过一趟车，企业也必须支付之前约定的薪酬。

企业对安全性要求很高，必须确保万无一失，而对某类职位设置多人，如质检线、飞机驾驶员等。

某些核心关键人才，因各种原因又不能为我所用，为避免成为竞争对手，用高薪或其他薪酬投入"圈养"起来。这实际上是一种资源的浪费。

出于某类利益关系对人员的保留，如裙带资源，而由此对人员保留造成的薪酬支付。

还有一种情况就是基于法律风险、清退成本等对某类人员的暂时保留而造成的薪酬支付。

这几种情况的薪酬支付都主要是基于机会成本带来的经济支出。

（3）人才储备

人才储备造成的薪酬支付，最常见的如管理培训生。

**2. 失策的业务造成的经济损失**

企业投资失败造成的投入资金账面价值和机会价值的损失，这个好理解，如俗话里常说的打了水漂，这个损失也是企业的无效价值。

**3. 业务某发展阶段的必要投入**

某类业务也有其发展的生命周期，在可行性分析后，预研阶段和试产阶段都会面临很多的不确定性和挑战，企业必须予以一定的投入来应对失败、迎取成功。失败是成功之母，某些投入虽然没能直接带来经济价值，但能积累很多经验和教训，从当期的经济性来说虽然是无效价值，对业务今后发展来说也是无价的。

从个人角度来讲，无效价值来源于以下两种情况：

（1）个人无效工时的必然存在

有研究表明，在一天8小时的工作时间里，真正有效的工作时间平均6个小时左右。如果一个人工作不太用心，则很可能一天的有效工作时间只有4小时或更低。无效工时有其存在的必然性，如每个人都无法避免喝水、上洗手间等需求，也需要思索，在工作沟通中可能也难免闲聊几句等等，这是许多人都会遇到的情况，这也说明无效价值的不可避免性。但是企业并不是一无可为，企业可在注重人性化管理方面下功夫来尽可能缩短无效工时，提高人才使用效率。

（2）工作不饱和

有些人因为工作安排本身不合理，工作不饱和，工作强度、难度和压力都不够，对人才资源造成浪费。有的本身工作效率低下，此时企业如果又有"搭便车""吃大锅饭"的绩效氛围，会更加激化和扩散这种低效率、低产出的负面影响。

在这种情况下，如果企业是完全基于职位价值建立的薪酬体系，很可能有很大部分的薪酬投入都是无效价值的经济支出。

（3）阶段性的效率低下

人才在企业中的价值发挥也有一个过程，一般会经历学习期、上手期和熟练期几个过程。当进入新的企业或职位，人才往往需要一段时间来适应和熟悉新的环境和新的知识，在这个学习期和上手期的阶段，人才的价值输出相对较低，无效价值较多。

一般来讲，组织变革会在企业造成大量的职位变动和人才调整，也就意味着又有更多的人要重新步入学习期和上手期，从而会给企业带来组织变革的无效价值。当然，组织变革往往是为了以后有更多的有效价值和机会价值，所以，无效价值在企业总价值中的比重也是衡量组织变革效果的重要指标之一。从经验数据来讲，与新员工入职不同，组织变革毕竟是内部调整，变动的人员对企业、对职位都已经有了一定的了解，无效价值输出期相对新员工尤其是应届生来说会短很多，一般为一个月左右。所以企业在实施组织变革前也要评估变革成本，也就是要考虑因为变革带来的无效价值的多少，及其与预期能产生的有效价值和机会价值的比重。

从以上的分析可知，无效价值有其存在的必然性，并广泛存在于各业务领域、各种人群，但企业并不是无计可施，还是有可为来尽量减少无效价值，例如，企业可分析无效价值产生的"重灾区"，分析其原因，主要来自企业方还是员工个人，然后再对症下药。

（三）机会价值的来源

机会价值是对未来看好业务的提前投入，是预期未来能实现的有效价值，所以机会价值的来源与有效价值一样，必须从价值链和战略分析出发，从强化企业竞争力着手，但机会价值主要来源于战略性的业务储备，需要提前潜入，君子藏器于身，待时而动。如微信红包功能的部署和推广让腾讯有了互联网金融的平台基础，为后续在互联网金融领域征战抢占了先机。

机会价值需要提前潜入，首先要找准机会价值的业务领域，确保它能够转化为有效价值，这与决策者个人的眼界、见识、洞察力、对市场发展趋势的判断等众多因素有关。在机会价值业务领域推进过程中，核心技术、骨干人才以及灵活应变的能力等都是其成功的关键，需要运营好各类人才来最终变现机会价值。

（四）业务价值曲线

企业中某项业务（或事业群）的产生，一般会经历可行性分析、预研阶段、试产阶段、市场推广阶段和微创新几个阶段。从企业有效价值、无效价值、机会价值的来源可知，随着不同阶段的演进，该项业务（或事业群）实现的价值类型也会呈现出不同的趋势，如图3-6所示：

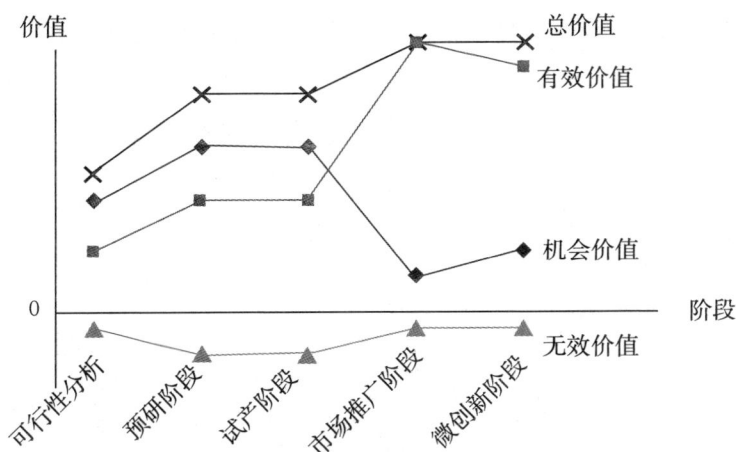

图 3-6 企业内某业务价值曲线

在真正市场推广前，前期的可行性分析、预研和试产都是在为批量生产及推广做准备，机会价值一般会大于有效价值。随着市场机会的确定，企业决定对该项业务（或事业群）投入批量生产及推广，机会价值逐渐变成了有效价值，有效价值实现的速度及数量都会大起来，这个阶段总价值量也会有提升。随着业务成熟步入微创新阶段，业务创新变得重要起来，机会价值又会逐渐增加。而无效价值则贯穿于整个始终，且在预研及试产阶段因为尝试、摸索的需要，数量会稍显大些。

## 四、企业中工作价值的衡量

当站在企业的角度来看工作价值，它产生的过程怎么样，可将之与企业的文化导向进行比较和评测；结果好不好就需要用企业价值这个标尺来衡量，企业需要判断员工的工作结果是否给企业带来了有效价值，是否是能在未来实现有效的机会价值，或者是否是无效价值。还可在此基础上进一步分析不同价值类型的业务特点、人员特点、管理特点等，为下一轮的企业价值实现打下基础。

（一）个人价值创造曲线

在企业中，对每个人才个体来讲，其在企业内的价值发挥是有一个阶段性的过程，理想状态下，他／她带来的无效价值会越来越少，创造的有效价值、机会价值和总价值一般会呈现上升的趋势（不考虑价值消亡期），但出现时间和增加速度会有所不同，如图3-7所示：

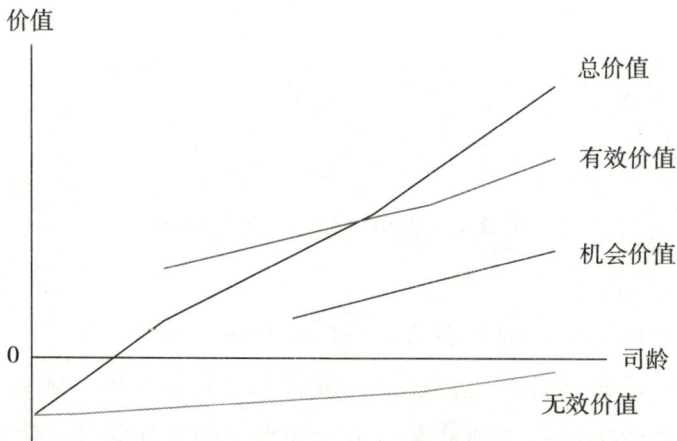

图 3-7　企业内个人价值创造曲线

一般来讲，人才初进企业时，由于需要对新工作环境、知识的习得，这个时候的价值输出以无效价值为主，企业对人才主要是基于无效价值的薪酬分配；随着时间的推移，人才对职位越来越熟悉，慢慢发挥出才干，并取得成绩，创造的有效价值逐渐增加；到一定阶段后，作为核心骨干及关键人才，凭借丰富的经验及战略眼光，参与创造企业的机会价值。

从图3-7也可以看出，无效价值出现得最早，但会呈现越来越少的趋势；机会价值出现得最晚，但有可能增速超过有效价值；有效价值出现的时间较早，开始增加的速度较慢，当人才对职位越来越熟悉时，有效价值的加速度也会增大，到一定阶段后又会放缓，以较平缓的趋势上涨。

在企业中，无效价值是不能避免的存在，但就个人来说，理想状况下会呈现越来越少的趋势，在总价值中所占的比例不高；有效价值创造则是企业的主要活动，也是企业价值变现、员工增加收入的主要来源；机会价值最终也是要变现为有效价值，是企业未来的有效价值，且针对机会价值的薪酬投资一般只适用于部分人才，不具备普遍性。

（二）不同职位序列人员的企业价值构成

从企业价值的来源可知，有效价值业务领域总是与企业的核心优势和关键活动密切相关，机会价值是潜在的有效价值，无效价值在各个领域都会存在。一般来讲，在企业的不同职位序列中，有效价值、机会价值和无效价值的占比会呈现一定的规律，如图3-8所示：

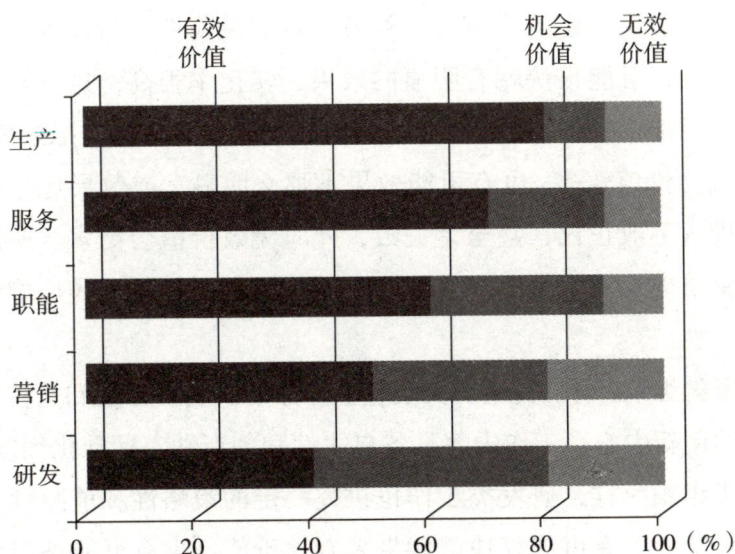

图3-8　职位序列企业价值结构图

　　总体来说，生产类组织中有效价值占比最大，研发类组织机会价值占比最多，无效价值在研发类和营销类组织中占比相对也最多。

　　**生产类组织：** 企业在大批量投向生产前，一般已经经历了周密的市场调研和样品研发，作为研发的后端环节，生产类组织主要承接研发类组织的预研成果进行生产，工作具备流程化、精密化、规范化、标准化的特点，以有效价值为主，机会价值和无效价值相对少很多。

　　**服务类组织：** 服务类组织作为企业的对外部客户进行维护和服务的中心，工作标准性较高，同样也具备流程化、规范化、标准化的特点，也主要以有效价值为主，机会价值和无效价值较少；但由于处于与客户打交道的一线现场，与客户直接，往往能直接从客户那接收很多珍贵的关于公司、关于产品的反馈，因而机会价值相对无效价值高一些。

　　**职能类组织：** 职能类组织作为对企业内部客户服务的中心，仍然以有效价值为主，但由于涉及对企业最核心资源，即人才、资金的运营，机会价值相对占比也大了一些，无效价值也较少。

　　**营销类组织：** 营销类组织负责企业产品、品牌、形象等的策划、运营和推广，讲究一定的策略性，具备一定的风险性，当投入了大量的资金、人员，可能很快就有明显的效果，转化率很高，这种情况下有效价值实现很快；也有可能需要一定的时期来培育市场，酝酿期较长，有可能机会价值较多；也有可能效果不那么明显，或效果远远低于预期，与投入不成正比，甚至是失败，此时无效价值会更多。所以总体来讲，营销类组织中的机会价值和无效价值占比相对上述类型组织来说会大一些。

　　**研发类组织：** 研发类组织负责企业产品的研制、开发和完善，是企业产品的创新中心，工作内容具备自主性和创新性，标准化程度较低。与营销类组织一样，研发类工作也讲究一定的策略性和前瞻性，具备一定的风险性，有可能很快就能带来有效价值，也有可能是需要较长周期来实现价值的机会价值，也有可能是无效价值。机会价值占比相对营销类组织来说，可能更高一些；无效价值和营销类组织一样，比其他类型组织也相对高一些。

以上对不同职位序列的企业价值结构分析只是对所有企业的一般性考量，不具备具体某个企业的特性，各个企业可结合自己的发展阶段和经营领域等个性来进行具体分析。

当企业价值这把标尺丈量在人才的工作价值上，企业总是希望有更多的有效价值，挖掘更多的机会价值，尽可能地减少无效价值，这就需要精准识别不同价值类型的来源，通过一定的策略和措施来引导人才的工作与对企业价值的追求目标相一致。

## 本章小结

人才的工作价值对个人、对企业、对社会都具有重要意义。企业价值又有有效价值、机会价值和无效价值等三种，各自具备不同的特点，并有不同的来源。不管现在还是未来，企业总是希望有更多的有效价值，更少的无效价值，这就需要分析人才在企业中不同阶段，以及不同职位序列间各种企业价值类型的特点，以引导人才的工作价值与企业价值导向一致。

# 第四章　工作价值的精准激励

什么是激励？美国管理学家贝雷尔森（Berelson）和斯坦尼尔（Steiner）认为："一切内心要争取的条件、希望、愿望、动力都构成了对人的激励。——它是人类活动的一种内心状态。"从这个定义可知，激励是通过某种方式引发满足个体某种需求的行为，并促进行为以积极状态表现出来的一种手段，也是个体在追求某些既定目标时的愿意程度。

所以，激励的对象一定是人。不管是宣扬某种价值或强调某种行为，并通过各种诱人的条件促使这种价值和行为的传播和重复出现，最终都是通过能够诱使人愿意主动去宣扬这个价值去承担这个行为来实现的，人是激励发挥作用并实现目标的载体。

在企业里，有效价值总是企业追逐的目标（机会价值也是未来的有效价值）。由于有效价值活动是企业赢得竞争力、获取竞争优势的战略控制点和环节，激发有效价值的重复出现并持续提升则至关重要。而在企业中，有效价值活动的重复出现一定与承担有效价值活动的人才的激励有关，如果激励导向与有效价值的选择不匹配，势必会带来很多问题。因此，基于价值投资的激励显得非常关键。

薪酬分配是激励的主要内容，激励的方式有很多种，不同的方式具备不同的特点并适用于不同的场合。

## 一、引导有效价值的重复出现

与利益不挂钩的考核评估是没有意义的，恰当的回报可以激励有效价值创造活动的重复出现，从而持续增进有效价值，提高有效价值比率，强化企业的竞争力。

（一）激励是如何发挥作用的

激励是如何牵引人的行为，其作用发挥的机理是什么，很多理论对此作了解释，如马斯洛需求理论、双因素理论、期望理论、强化理论等。

爱德华·劳勒和莱曼·波特的综合激励模型则融合了各种因素，全面展现了个人绩效的实现过程。该模型强调，个人在一定能力基础上，基于对效价和期望值的判断，付出一定程度的努力；并在外部环境和自我的认知影响下，产出工作绩效；从而受到内在激励（如自我存在意义、自我能力肯定等）和外在激励（如工资、职位等）后，产生一定的满足感，该满足程度也取决于自我对激励公平性的认识；满足程度会影响其对效价的判断，从而影响努力程度。

通过综合激励模型可知，要解决绩效激励的问题，除了要研究如何做好内在激励和外在激励问题，还要了解员工对公平性的理解，以及如何帮助员工提高对工作的认知程度，并给予员工完成绩效所必须的环境保障。

（二）激励与有效价值

结合企业的价值追求目标，不管是当期的有效价值，还是未来的有效价值（也就是机会价值），企业总希望越多越好。而有效价值是通过人才价值作业活动实现的，要提高有效价值，就必须找准有效价值作业领域，并让这种作业活动重复、高效地出现，所以就必须对承担有效价值作业活动的人才采取必要的激励。如果将综合激励与企业的有效价值联系起来，可知激励在有效价值创造中的重要作用，如图4-1所示：

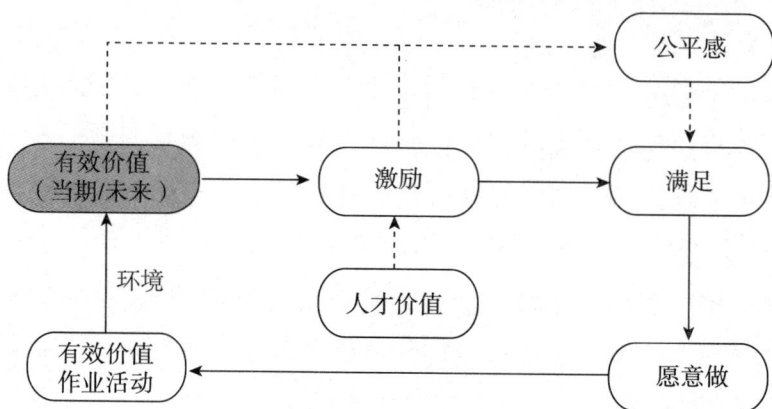

图 4-1　有效价值的重复出现

图 4-1 表明了有效价值是如何重复出现的，激励在其中发挥了重要作用，具体如下：

（1）有效价值的作业活动需要人来做，并且要有人愿意做；

（2）人才在进行有效价值作业活动中，结合他 / 她的能力及外部环境因素（如资源、市场、授权等）产出工作绩效，创造有效价值；

（3）基于有效价值的基础上进行激励，但是人才价值也是激励考虑的重要因素；

（4）激励能带来满足，但是满足感不仅受激励大小的影响，也受激励公平感的影响，公平有绩效公平和激励公平；

（5）满足程度会影响员工对有效价值作业活动的意愿及主观能动性，而这又会进一步影响企业有效价值的作业活动。

综上所述，要想有效价值活动重复出现，并产生预期的有效价值和机会价值，必须意识到激励的重要性。激励的内容、激励的方式等都会影响到激励的效果，即满足感，而这又会进一步影响到价值作业活动及其效果。所以企业必须以有效价值为导向，以强化有效价值活动的频率和效果为核心，建立有效的激励机制。

## 二、基于价值投资的激励

管理学激励理论在西方经过一个多世纪的发展，已经形成了内容浩繁的理论体系，这些理论主要是从心理学和组织行为学的角度来展开研究的。在中国，激励古已有之，但当作一门系统的管理理论及实践被运用到企业中，却是近现代才逐渐兴起的事。

尽管国内企业在对激励的实践中做了很多探索和改进，但仍然停留在以价值贡献为核心的层面，没有树立人才资本的投资意识，没有在价值投资的基础上对人才进行激励。

### （一）以业绩贡献为核心的激励

目前业界激励的一个核心思想就是，有业绩了才谈激励，没有业绩时不扣"钱"就已经万幸，激励则免谈。这在很大程度上与目前企业的"人力"定位有关。

关于"人力"的论述，本丛书之《理才布局——人力资源规划》一书中已有详细描述，简而言之，就是将员工视为体力劳动提供者，是被动的、执行的、没有创造力的，所以企业需要对"人力"进行管制、约束。在这种情况下，员工一般被认为是不自觉的、爱偷懒的，故企业出于趋利避害性的考虑，自然会在员工产生一定价值贡献的基础上再来谈激励。

正是因为有了业绩才有激励，员工在承担业绩指标时拈轻怕重，绩效评价时粉饰太平，薪资核算时斤斤计较；而企业也在这整个过程中变得锱铢必较。员工和企业双方都陷入"讨价还价"的局面中。

这种完全基于成绩的激励很容易成为一次性买卖，要想调整工作或是增加指标都变得很困难，除非重新约定条件，陷入新的一轮讨价还价中。

### （二）以投资价值为核心的激励

#### 1. 投资价值的激励的含义

以投资价值为核心的激励包括两方面的内容，也就是要明确企业各个有效价值来源点的"买方"和"卖方"之间各自需求的价值点，如图 4-2 所示：

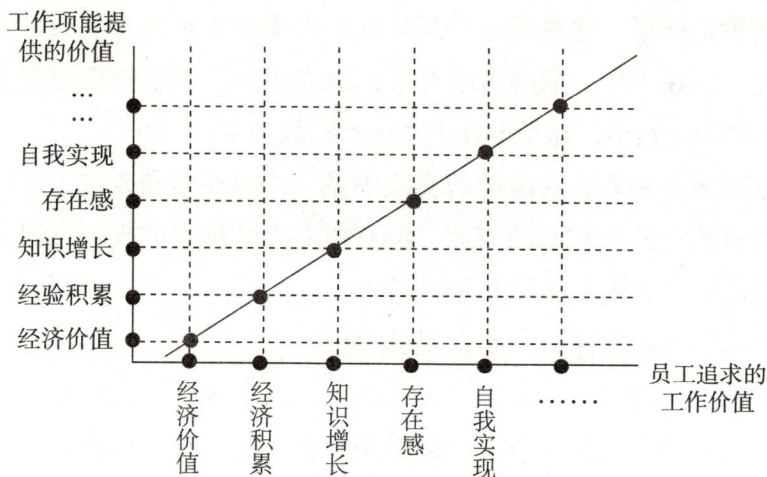

图 4-2  投资价值的激励的含义

一是明确工作项能提供的价值：企业需对各种企业价值的来源进行追溯，明确有效价值的来源、机会价值的潜在领域，对其关键业务领域和关键活动进行工作项的分解，形成各个工作项或职位（即某类工作项的集合），并赋予每个工作项或职位一定的价值，赋予的这个价值是相对员工来说的，即完成这项工作或任务能给员工带来什么价值。

二是员工明确个人追求的工作价值：人才的需求，也就是个人在企业中追求的工作价值，经济收入也好、学习成长也好、自我实现也好、存在感也好，首先是个人要有明确的工作价值上的追求。

在此基础上，企业内价值创造活动就可按各个工作项的标准参照招投标的方式进行，员工对照自己的价值需求及具备的能力资源，自行参与"竞标"，并按照约定方式赢得报酬；而企业则通过有效价值和机会价值的业务领域识别和关键活动分解，通过"招标"方式选择最优的方案和人才来完成，并在价值实现的基础上与人才分享创造的企业有效价值。

**2. 投资价值的激励的管理基础**

要成功实施基于价值投资的激励需要有一定的管理基础，就是企业必须树立了人才资本意识，能够清晰地识别出企业价值的来源并在此基础上进行关键活动和任务的分解，如图 4-3 所示：

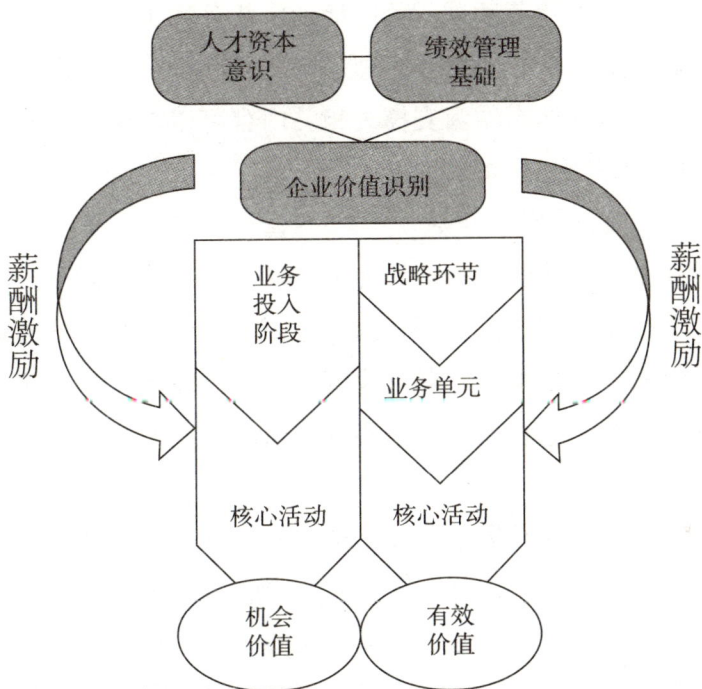

图 4-3　投资价值的激励的管理基础

（1）树立人才资本意识

在企业众多资源（人才、物质、资金、厂房等）中，人才资源是最积极和最具有创造性的资源。人才是能带来价值的价值，但是如果没有采取恰当的措施将人才资源运用起来，就像深藏于地下的宝藏，人才资源也转变不成人才资本。人才资源只有在发挥作用的过程中，才能转变为人才资本。所以要采取适当的激励措施促使人才资源转化为人才资本，实现增值变现；建立人才库，储备能力资源池，相关内容可参阅本套丛书之《能力管理》；关注人才的需求，建立多样的人才晋升渠道和培养路径，相关内容可参阅本套丛书之《任职资格——人才价值链实现》。

（2）绩效管理基础

从战略环节、业务阶段到有效价值和机会价值，以及如何从有效价值和机会价值到业务领域、关键活动、任务和工作项，以及工作项的验收，都需要有良好的绩效管理基础，尤其是清晰的指标分解体系和公正的绩效考核体系作为支撑，相关内容可以参阅本套丛书之《卓越绩效——互联时代的绩效管理》。

（3）清晰的企业价值识别

激励就是对人才的投资，是为了激发人才的价值创造，发挥人才资本的变现功能；同时通过识别企业有效价值、机会价值的关键活动及领域，牵引人才始终聚焦于有效价值和机会价值的作业活动，实现人才资本的变现及企业有效价值的实现，通过人才运营尽量避免及减少无效价值的出现。

也就是说，在判断出企业的战略环节、核心业务单元及关键业务活动，识别出有效价值，及根据业务发展的不同阶段、核心活动识别出机会价值活动领域后，激励的策略和倾向都必须围绕促使有效价值和机会价值的实现上。这就需要通过薪酬激励吸引、保留住合适的人才，聚焦在企业核心战略环节的有效价值和机会价值的活动作业中，通过恰当的激励，促使人才资本变现增值，实现预期目标，创造并增加企业总价值。

**3. 投资价值的激励的特点**

以投资价值为核心的激励有如下特点：

（1）员工定位：人才资本意识是以投资价值为核心的激励模式的重要基础，而薪酬分配就是基于价值创造基础上对人才资本的价值投资。

（2）激励依据：对人才价值投资的多少，是在企业价值实现的基础上，企业和人才对价值的分享，依据是企业的有效价值（及机会价值），分配到具体人才个人时，综合考虑市场价格及人才价值等因素。

（3）方式：内部"招投标"的方式让员工自行竞价，充分发挥个人潜能，主动参与竞标，自主、自发地追求个人工作价值实现。

（4）结果：通过工作项的内部招标，有利于打破传统的组织和职位的限制，充分发挥企业人才的潜能，通过类似市场的行为形成企业内人才资源的优化配置；而基于工作项完成结果及标准进行的激励，也有利于打破原有的因职定薪和因人定薪，实现因价值来定薪；同时通过激励的牵引，引导人才的价值创造活动与企业的有效价值领域始终保持一致，甚至激发人才充分发挥主观能动性和创新性，创造新的核心战略控制点，开拓新的有效价值领域，实现员工与企业双方的共赢。

综上可知，以价值贡献为核心的激励与以投资价值为核心的激励，这两者的差异和区别如表4-1所示：

表4-1　　　　　　　　两种激励模式的比较

| 项　目 | 以业绩贡献为核心的激励 | 以投资价值为核心的激励 |
|---|---|---|
| 员工定位 | 人力资源 | 人才资本 |
| 激励依据 | 业绩贡献 | 企业价值 |
| 方　式 | 讨价还价 | 自主、自发 |
| 结　果 | 一次性买卖 | 优化配置、因价值定薪、共赢 |

## 三、激励方式简介

激励是为了激发人的意愿，让人主动去承担目标事项并达成预期。薪酬则是激励的主要内容，激励的各种方式其实都包含在广义的薪酬概念中。薪酬的范围很广，下面就一些大部分企业常用的、重要的方式进行简单说明。

**（一）固定工资（基本工资）**

固定工资一般也就是基本工资，我们常听到的"底薪＋提成"中的底薪就属于固定工资。顾名思义，固定工资也就是企业与员工双方之间约定的固定数额，具有相对稳定性并受法律保护，一般如需调整需重新约定。

固定工资的多少一般根据职位价值和员工能力来确定，并定期结合员工绩效和市场环境进行调整。但是，对于部分核心骨干和关键人才，如高管、专家或核心技术持有者，由于其稀缺性及不可替代性，市场价格会是制定其固定工资时参考的重要因素。

固定工资由于其具有相对稳定性，是员工安全感的保证，所以固定工资在反映公司支付能力的同时，也是公司风险导向意识的重要风向标。一般来说，固定工资在员工薪资中所占比重越高，员工安全感越强，公司的大锅饭现象越明显，甚至有可能流失部分优秀的风险爱好型员工。

固定工资的高低还与职务类别、公司发展阶段有关。固定工资一般与浮动工资组合起来形成固浮比来进行分析，不同固浮比的激励力度有所不同。

**（二）浮动工资（绩效奖金，业绩提成，专项奖励，年度利润分享）**

**浮动工资**：其名称也形象地表明了其数额是浮动的、动态的，一般与绩效、业绩、关键事件等有关。常用的有如下几种：

**绩效奖金**：与员工绩效有关，按绩效评估结果随绩效评估周期发放，具有一定的周期性。一般是约定（有正式和非正式的方式）目标奖金基数，根据考核结果上下调整，但一般受公司奖金包预算的限制。

**业绩提成**：一般适用于销售类员工。最简单的例子就是商场里的导购员，他们的工资所得很大程度都是基于营业额的提成。这类人员的特点就是业绩简单明了，直观且易于衡量，让数据说话，一目了然，激励效果取决于提成比例。

**专项奖励**：一般有项目奖金、关键事件（如创新奖、发明奖、重大贡献奖等）奖励、即时奖励等，用于特殊事项的即时激励。

**年度利润分享**：又称利润分红或劳动分红制，是指企业每年年终时，首先按比例提取一部分企业总利润构成"分红基金"，根据雇员的业绩状况以红利形式发放的劳动收入。利润分享制是对企业税后利润的一种内部再分配，是对工资和奖金的一种补充形式，体现企业对人才资本的价值创造性、增值性的认同，有利于在企业与人才间建立利益共同体的关系。

浮动工资的基本目的在于激励员工发挥才智产出业绩，表现突出的员工就会获得比平均水平高的收入，如果浮动部分额度不足或差距过小，很难达到预期的激励效果，从而失去作用。同时员工为了获得更高的收入，必然保持自己的核心能力，会在员工之间加大彼此之间的竞争，有可能阻碍知识、技能和经验的交流与传递。

（三）福利类

含法定福利和公司福利两种。

**法定福利**：法定福利需符合企业所在地的相关规定，如养老保险、失业保险、医疗保险、工伤保险、生育保险和住房公积金。法定福利是政府规定的项目，具备强制性，同时对员工来讲，又具备一定的保障性和防范性。

**公司福利**：是指公司在法律规定之外，额外给员工提供的福利，常见的有通勤班车、员工宿舍、下午茶、节假日礼品、企业年金、带薪休假、各种津贴，有的还有弹性工作时间、住房基金、宠物医院、游乐活动及设施等，并在企业内不同人群中有额度、范围上的差异。公司福利体现出了不同企业间的实力、文化等方面的差异。

（四）中长期激励

中长期激励包含两个方面的含义：一是员工的利益是中长期的、持续的，不是眼下短期的、一次性的；二是员工的利益是与企业的长期利益挂钩的，并不仅是企业当前的利益。本质上是为了使员工关注企业的长期利益，要求受益者（一定包括了经营者）要有企业长远的发展计划，并去努力达成。中长期激励方案实施的关键成功因素是必须确保公平、激励标的的吸引力、有效的考评体系。常用的有如下几种：

**股权**：员工持股已成为全球的趋势，以股权为基础的薪酬激励有利于统一股东和员工的奖励机会，将管理层和其他员工的薪酬制度紧密结合，使公司所有员工的激励机制趋于统一，并鼓励广大员工向共同的目标前进，促进团队协作，将员工报酬与企业业绩挂钩，实现双赢。股权激励也有多种非标准的做法，如实股、虚拟股、干股、期权等，并在上市公司和非上市公司中有不同的做法。

**金色降落伞**：金色降落伞计划一般适用于高管，是为了避免职场"59岁现象"的"铤而走险"，是企业对高管日后控制权发生变动时关于补偿的承诺性规定。例如，山东阿胶集团就成功实行了金色降落伞计划，把部分参与创业但已不能适应企业发展要求的高层领导人进行了妥善的安排，达到了企业和个人的双赢。

**人才安居**：人才安居是指企业着眼于帮助人才解决住房问题制订的相关计划，含资金和房产两种形式，一般与工龄、业绩有关。在房价日渐高企的今日，此项激励措施越来越受到广大年轻员工的欢迎和热捧。

企业投资者由于各种原因在设定业绩目标时，要注意目标值的选取，不能太高使得员工难以得到，或太低使得长期激励演变成员工的一种福利收入。

员工的追求有多重，激励并不总是花钱的，还有很多其他行之有效的低成本甚至零成本的软性激励做法，如晋升、培训、荣誉、管理授权等。

激励的方式多种多样，激励力度及侧重点各有不同，需结合企业的价值实现，尤其是有效价值的实现，聚焦在有效价值的关键活动和战略环节中，来确定激励目标，从而选择合适的方式、确定激励的人群来牵引人才的活动，确保激励有的放矢，精准到位。

## 本章小结

　　企业的价值来源于人才的价值创造，有效价值的高效、持续产生取决于人才的价值创造活动。所以必须采取恰当的激励措施，引导人才聚焦于有效价值业务领域，激发人才始终从事有效价值作业活动，并高效地产出绩效，实现有效价值，并在此基础上企业与人才分享创造的价值，实现共赢。

　　激励的方式有固定工资、浮动工资、福利设计、中长期激励等，不同方式的特点及激励效果有所不同，需结合企业不同价值类型业务领域的特点来选择合适的方式或组合，牵引人才的活动，实现精准激励。

# 第三部分 基于价值的精准薪酬设计

上一部分已经介绍了工作价值的界定以及企业价值识别，以及如何基于价值来引导与激励企业有效价值的重复出现，以实现精准激励，在这个过程中就需要用到精准薪酬。与传统的薪酬体系不同，精准薪酬强调薪酬分配来源于企业价值，且不同的价值类型的业务领域特点、关键活动各不相同，要想企业价值的持续高效实现，必须透彻分析企业价值的类型、涉及的业务和关键活动特点，在此基础上研究企业需重点激励的业务及人群，及分析企业与人才怎么分薪酬，分多少以及给谁分，并分析薪酬激励的效率和效果，从而进一步优化薪酬体系的设计（见下图）。

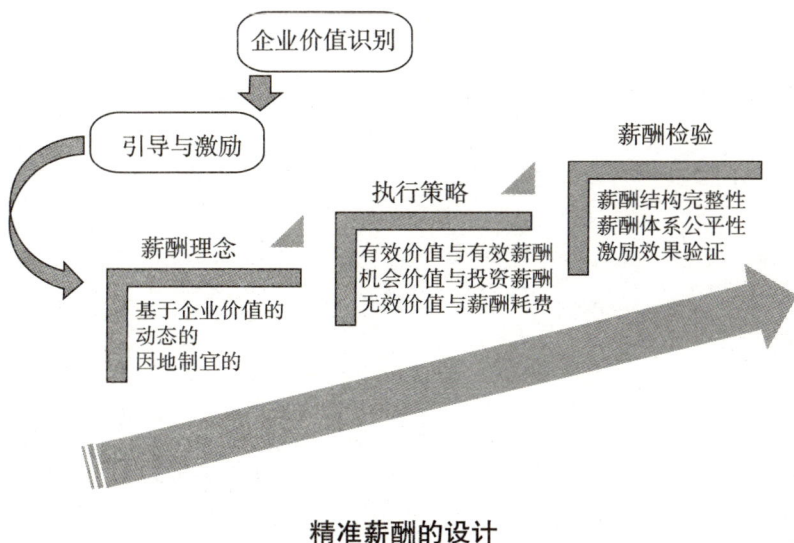

**精准薪酬的设计**

53

**薪酬理念**：精准薪酬强调在进行薪酬设计时，需要思考哪些工作对企业是有价值的，哪些工作会为企业带来竞争力的，从有效价值和机会价值的业务领域，逐步分解出工作项，形成动态的职位和价值，作为员工完成工作项获得回报的基础，并需结合不同业务领域的特点形成因地制宜的薪酬体系。

**执行策略**：在设计薪酬分配的过程中，需综合考量人才的个人资本、工作价值评估及绩效等原因，并结合不同企业价值的类型来设计。基于有效价值的有效薪酬可按不同责任中心的业务特点、有效价值形式、关键活动特点和所需的激励重点来设计；基于机会价值的投资薪酬与企业的战略业务储备有关，涉及价值贴现；基于无效价值的薪酬耗费需重点分析无效价值产生的原因及分配依据。

**薪酬检验**：薪酬的全面结构从内容上检验薪酬体系的完整性，内外公平性检验薪酬体系在企业内部的公平性，以及在外部的竞争性，而薪酬激励的效果分析则最终反映薪酬体系在企业内部的全方位效果，并为进一步完善提供依据。

# 第五章　聚焦价值的薪酬理念

薪酬分配是激励的主要内容，也是提升企业有效价值实现效率的重要手段。以投资价值为核心的激励就是对人才资本予以恰当的投资，以有效价值创造为目标，聚焦企业的战略环节、关键业务单元及核心活动，牵引、激发人才从事有效价值作业，促进有效价值实现及持续提升。

不同企业价值类型下，薪酬的投入也应有所不同，薪酬耗费、有效薪酬和投资薪酬正是分别基于企业的无效价值、有效价值和机会价值进行的薪酬分配。由于有效价值的多少不仅关系到企业价值比率，是企业竞争力的重要象征，也是企业经济价值在财务上的体现，所以对有效价值及有效薪酬的关注是企业关注的重点，企业内的薪酬分配也是主要流向企业内的有效价值领域和活动，以及从事有效价值作业活动的关键人才。

然而，企业内的有效价值领域及活动不是一成不变的，它与企业的经营领域、发展阶段有关。企业可依据有效价值业务领域的关键活动，逐步分解为标准的工作项，并对工作项的价值予以评估，形成弹性、灵活的工作价值衡量基准。

同时，企业内不同环节的有效价值活动具有不同的特点，一刀切的薪酬设计显然不符合要求，必须根据不同有效价值领域的特点设计出有针对性的、个性化的薪酬体系，因地制宜、精准分配。

## 一、企业价值与薪酬类别

企业的价值类型有能给当期直接带来经济效益的有效价值，不能带来经济效益，甚至是经济支出的无效价值，以及能给未来带来有效价值的机会价值；而薪酬分配是企业激励人才进行价值创造活动、实现有效价值的重要手段。但是，要达到预期的激励目标，在设计薪酬体系时，必须结合企业价值的类型及各企业价值重点所属业务领域的特点，量体裁衣，精准设计。

（一）基于不同企业价值的薪酬类别

人才在企业中基于价值创造取得报酬，其创造的价值由无效价值、有效价值、机会价值几部分组成。其中，无效价值有如不管人才做没做事情都必须给人才支付的部分，有效价值为直接给企业带来的经济利益，机会价值为预期能在未来带来经济利益的价值。薪酬分配是企业与人才基于价值创造的基础上，经过价值评估与衡量，企业与人才分享共同创造的价值。与企业价值类型相对应，薪酬分配由薪酬耗费、有效薪酬及投资薪酬等三类组成，并分别表现为不同的薪酬形式，如图 5-1 所示：

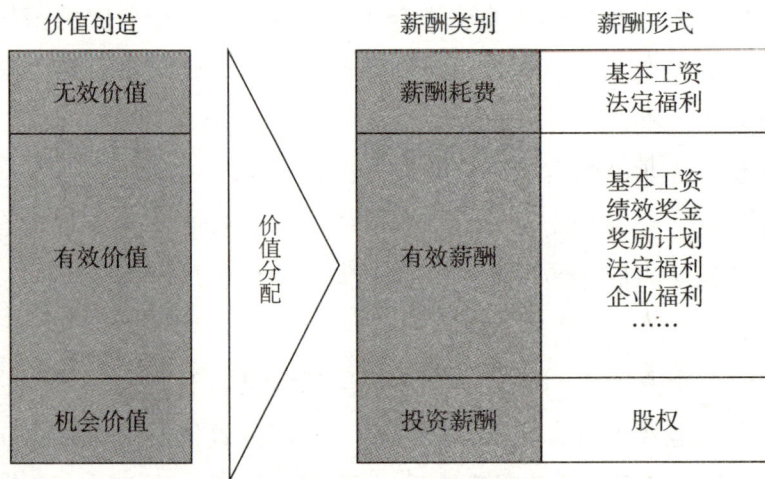

| 价值创造 | | 薪酬类别 | 薪酬形式 |
|---|---|---|---|
| 无效价值 | 价值分配 | 薪酬耗费 | 基本工资<br>法定福利 |
| 有效价值 | | 有效薪酬 | 基本工资<br>绩效奖金<br>奖励计划<br>法定福利<br>企业福利<br>…… |
| 机会价值 | | 投资薪酬 | 股权 |

图 5-1　基于企业价值的薪酬类别

### 1. 薪酬耗费

薪酬耗费是指基于无效价值的存在而给员工支付的薪酬。不管对企业还是个人来讲，无效价值都是不可避免的，企业总会有组织调整、业务探索，个人也不可能每天8小时都处于紧张、高效、高产出的状态，所以薪酬耗费在企业中也是不可避免的，具有一定的普遍性。企业要做的就是分析薪酬耗费产生的诱因和背景，采取各种措施尽可能地降低薪酬耗费。

在计算薪酬耗费中，需注意对个人已实现的职位价值对应的薪酬的剔除，企业对个人的薪酬耗费计算公式如下：

个人薪酬耗费＝个人标准的职位价值对应的薪酬－个人实际实现
的职位价值对应的薪酬

（1）薪酬耗费的数量

薪酬耗费的多少可从不同角度来分析：

对员工来讲：薪酬耗费的多少一般与员工工作的饱和度、质量、效率有关。工作不饱和，也就意味着员工无效工时的增多，有效工时及工作输出都会大打折扣；而工作质量差，则意味着效果不如意，甚至给企业带来了损失；效率不高则意味着资源投入的不必要增多，带来时间成本。在这些情况下如果仍按标准职位支付薪酬，可能很大部分都是属于薪酬耗费。

对企业来讲：薪酬耗费的多少主要与企业薪酬水平策略、组织稳定性、职业经理人素质有关。若企业采取保守的、滞后的薪酬水平策略，则基于纯粹的薪酬投入增加带来的无效价值基础上的耗费会相对少一些，若想始终保持绝对的市场竞争力，则需根据市场水平随时、随需加大薪酬投入；若组织变动较频繁，职位的不稳定性带来的员工适应期的增加也会无形中增加薪酬耗费；职业经理人尤其是企业高管的领导力、决断力、市场判断等综合素养会影响到企业决策的成功，因而影响到无效价值和薪酬耗费。

（2）薪酬耗费的形式

薪酬耗费的主要形式是基本工资和法定福利，可能部分企业还含有约定的不得不支付的部分目标奖金。

## 2. 有效薪酬

有效薪酬是指在有效价值创造并实现的基础上，基于人才在价值创造过程中的贡献，人才获取的有效价值分享部分。最常见和易于理解的有各类提成奖、贡献奖等，如销售人员通过销售活动增加销售额100万元，在此基础上获得的1万元的业绩提成奖；研发人员通过技术创新缩短研发周期5个月，创造有效价值500万元，在此基础上获得的10万元创新贡献奖；生产人员通过内部质检提高产品合格率5个点，创造有效价值1000万元，在此基础上获得的20万元特殊贡献奖。

（1）有效薪酬的数量

有效薪酬的支付含人才所承担职位实现的价值的薪酬支付，已经不属本职工作范围内的薪酬所得，即对人才承担的所有工作项的价值的支付。它的数量的多少取决于员工完成工作项的多少、完成结果及支付标准。

有效薪酬是与企业有效价值实现、人才的价值贡献相关的。在这个过程中，对人才在有效价值创造中的贡献的衡量，是有效薪酬分配的难点所在。所以企业必须依据有效价值分解出明确的工作项，并建立公正的考核评价体系，建立以工作项价值为基础的薪酬分配。

（2）有效薪酬的形式

有效薪酬的主要形式有基本工资、绩效奖金、奖励计划、法定福利、企业福利、津贴、提成等。

## 3. 投资薪酬

投资薪酬是基于未来有效价值实现的机会投资，投资薪酬一般是企业出于业务储备、战略布局等对核心人才的挽留，是对企业未来有效价值及人才价值贡献的双重看好的预期投资。如对未来新业务的前期开展和预研，对新技术的前期钻研与探索等，企业对这部分业务、这部分人才的前期薪酬投入就是投资薪酬。投资薪酬将企业和人才之间长期的利益纽带捆绑在一起，促使机会价值以最小周期、最高效率尽快变现为有效价值。

（1）投资薪酬的数量

对企业来讲，投资薪酬的数量与企业的发展阶段、业务策略有关。一般来讲，创业型、创新型、风险爱好型企业的投资薪酬相对较多；对个人来讲，企业高管、技术与业务核心骨干人员的投资薪酬相对较多。

（2）投资薪酬的形式

投资薪酬常见的形式有期权、分红等，相比薪酬耗费和有效薪酬，投资薪酬的受众范围相对小一些，一般是企业高管、核心骨干人才等。

**4. 薪酬组成**

由于经济价值实现是企业的生存之本，在当期，有效价值的多少是企业经济实力的重要象征，所以，企业的有效价值实现是重点，并在此基础上辅以追求机会价值，尽量减少无效价值的出现。与之相对应，企业的薪酬支付也是主要由有效薪酬构成，在必要的耗费支付的同时，结合一定的业务储备需战略性地支付一定比例的投资薪酬。企业的总薪酬支出及个人的薪酬所得的计算公式如下：

企业薪酬支付＝薪酬耗费＋有效薪酬＋投资薪酬

个人薪酬所得＝薪酬耗费＋有效薪酬＋投资薪酬

企业的薪酬支付由薪酬耗费、有效薪酬和投资薪酬组成。企业要做的就是通过各种策略，如组织优化以提高人职匹配、企业培训以减少人才适应期、流程优化以降低资源耗费等，来降低薪酬耗费的出现及数量，同时以有效薪酬为主，投资薪酬为辅，将薪酬耗费、有效薪酬、投资薪酬等三者的比例控制在 2：6：2 左右为宜。

个人在某个阶段的薪酬所得主要由薪酬耗费和有效薪酬组成，在必要时候还会有投资薪酬。个人要做的就是通过各种学习、历练来自我提能，提高有效价值的产出效率，争取成为机会价值的发动机，增加自我在企业中的个人价值和地位，从而获取更多的薪酬分配。

（二）基于价值的福利设计

### 1. 福利与企业价值

福利也包含在上文提到的薪酬组成中，但福利属于与无效价值对应的耗费，还是有效价值对应的有效薪酬，或是与机会价值对应的投资薪酬，主要取决于福利的受众，即人才所从事的价值作业活动的性质：

（1）如人才从事的是无效价值作业活动，不能给企业带来经济价值增长甚至造成负支出，投资在其身上的各种福利就可被视为与无效价值相关的耗费的组成部分。这部分福利的设计主要与法律规定、企业例行做法有关，需符合法律的相关要求，并不能违背企业的制度规定。如企业的通勤班车，不能因为这个人没有给企业创造价值就不让其享受班车福利，只是分摊在这个人身上的通勤班车成本属于企业的无效价值支出，是薪酬耗费。

（2）若人才从事的是有效价值作业活动，并实现、创造了有效价值，则投资在其身上的各种福利可视为与有效价值相关的有效薪酬的组成部分。这部分福利由企业的固定福利与浮动福利组成，而自助福利包的额度可与有效价值的达成率相关。

（3）基于机会价值的福利设计主要是企业给核心人才制订的安居计划、金色降落伞计划等，属于投资薪酬的组成部分。

### 2. 自助福利设计

所谓自助福利就是指在核定的人均年度福利预算范围内，提供可选的多种福利项目，给员工自主选择权，由员工根据本人及其家庭成员的需要自主选择福利产品或产品组合。

福利包不同额度和项目的范围则与员工创造的价值有关，有效价值或机会价值越多，额度及范围则越大，反之亦然。但额度和范围不会无限度低，会有基本线的设置，如法定最低标准。

自助式福利并非是对传统福利制度安排的一种颠覆性变革，而是在承接和保留传统福利基本功能的前提下，在福利的提供形式和员工沟通方式上的创新与优化。它通过给予员工选择权和决定权，能够最大限度满足员工的个性化需要，提高员工对福利的感知度与体验值，帮助员工真正认知公司提供福利的价值，有利于强化员工对公司的归属感，使福利成本价值最大化，从而实现公司和员工诉求上的双赢。

## 二、动态的工作价值

企业中的有效价值和机会价值，也就是当期和未来的有效价值，主要来源于其战略环节下的关键业务单元内的核心活动，主要受企业经营领域和发展阶段的影响。企业的不同经营领域会影响企业在价值链中的环节，因而也会对企业价值的业务领域、关键活动产生影响，因而会影响薪酬的分配；而企业在不同发展阶段下，其核心优势和竞争力也会有差异，基于企业价值类型的薪酬体系也必须与之动态调整和变化，如图 5-2 所示：

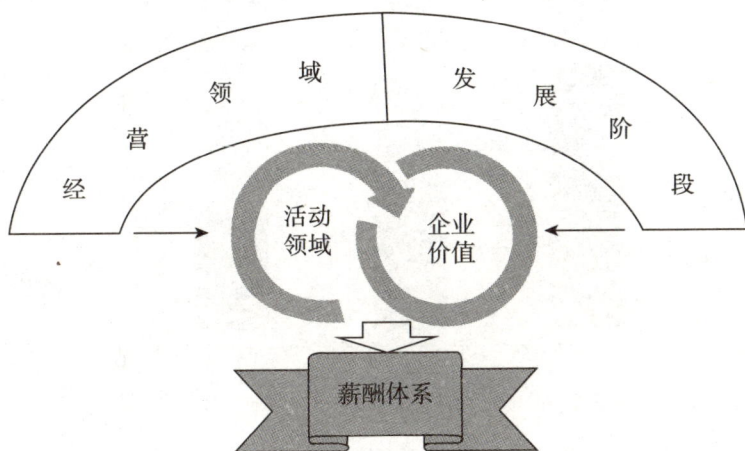

图 5-2　动态的工作价值与薪酬

（一）企业经营领域对企业价值的影响

企业经营领域是指企业经营所涉及的行业，大致有以下几类：

劳动密集型：如制造业、服务行业等需要大量活劳动投入的行业，主要特点是投资相对较少，手工劳动比重大、需要占用的劳动力较多。

资本密集型：如房地产、冶金工业、石油工业等需要大量资本投入的行业，主要特点是资金投入量大、容纳劳动力较少。

知识密集型：如电子计算机、超大规模集成电路等高科技企业，高级医疗器械、电子乐器等高级工业，主要特点是资源消耗较低、产品技术性能复杂、科研人员在员工中占比较大。

结合企业价值类型的特点和来源，可知在不同的经营领域，有效价值、机会价值和无效价值的结构会呈现不一样的特点，如图5-3所示：

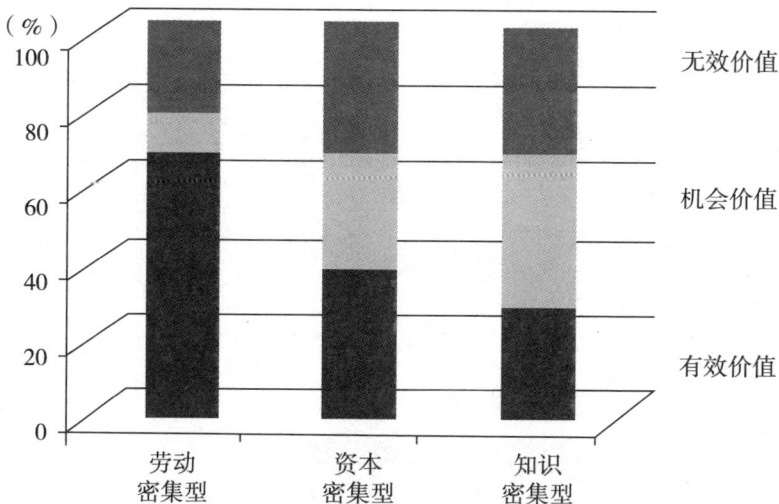

图5-3 不同经营领域的企业价值

**劳动密集型企业**：劳动密集型企业由于人工劳作较多，且以体力劳动为主，因而机会价值、无效价值占比相对较少，有效价值为此类企业的主要企业价值部分。

　　**资本密集型企业**：资本密集型涉及大量资金、设备等资本的投入，投资有风险，因而机会价值较多；同时，机会价值的变现风险也较大，所以无效价值的占比相对劳动密集型企业也会大一些。

　　**知识密集型企业**：与资本密集型企业类似，知识密集型企业以脑力投资为主，讲究创新，敢于突破和颠覆，风险性也较大，所以机会价值未来能否实现为有效价值也存在一定的变现风险，因而机会价值和无效价值占比相对劳动密集型企业也会大一些。

　　需要备注的是，资本密集型和知识密集型企业的企业价值结构类似，并没有普遍的或是确切的谁的有效价值高或是低，需要结合企业的具体情况进行分析，如企业性质、发展阶段、管理水平等；且企业的经营领域也不是一成不变的，经营侧重也有可能随着市场的发展、竞争优势的变化而调整，如 IBM 就大刀阔斧地砍掉了曾经给自己带来大量收入的 PC 业务以实现转型升级，360 也从一开始的杀毒软件发展到了后来的在线搜索以及到现在集成的互联网平台，不同阶段企业需投入的资源重点会不一样，有效价值来源的业务领域也会发生变化；同时，很多企业并不是严格的劳动密集型、资本密集型或是知识密集型，而是综合了两种或更多类型的特点，并随着经营重点的调整而改变。所以企业不管是当期还是未来的有效价值都是动态变化的，在此基础上的薪酬体系设计也必须随之动态调整，以适应尤其是要推动企业有效价值的更多实现。

　　（二）企业发展阶段与企业价值

　　企业的发展是有阶段性的，一般有初创期、发展期、成熟期和衰退期几个阶段，其中，衰退期是企业最不愿意看到的局面，也不是必经阶段。在不同的发展阶段，企业的竞争策略和优势会有差异，组织结构形式也会相应调整，不仅不同价值类型的占比会发生变化（与业务价值曲线类似，如图 2-6 所示），且有效价值领域及关键活动会发生变化，有效价值的具体形式也会有所侧重，如表 5-1 所示：

表 5-1　　　　　　　　　　企业发展阶段与有效价值

| 企业发展阶段 | 战略特点 | 核心竞争力 | 有效价值活动 | 有效价值形式 |
|---|---|---|---|---|
| 初创期 | 求生存 | 英雄人物 | 技术类、销售类 | 营业额 |
| 发展期 | 求扩张 | 职业化、规范化管理 | 销售类、管理类 | 收入、利润 |
| 成熟期 | 求稳健 | 创新能力 | 创新活动 | 人均单产、有效价值比率、股价 |
| 衰退期 | 求新生 | 变革能力 | 变革活动 | 股价、收入 |

**1. 初创期求生存，技术、销售出能人**

第一阶段生存是企业的首要目标，也就是说必须要解决"吃饭"问题。在这个阶段，往往是技术或销售类的英雄式人物揭竿而起，这是因为首先要有过得硬的技术，其次通过强大的销售团队打开市场。如苹果乔布斯，他本身就是销售天才，在创业初期组建的团队也主要是销售和技术人员。很多有名的企业在早期刚刚创立时，都是由一些非常"厉害"的英雄人物，带领企业逐渐走向辉煌，例如阿里巴巴的马云、腾讯的马化腾、百度的李彦宏、华为的任正非等等。

在这个阶段企业一般主要看营业额、用户数的增长，期望迅速打开市场，有效价值活动也主要集中在技术类、销售类相关的活动中。

**2. 发展期求扩张，规范发展职业化**

经过第一阶段的规模扩张和初步发展，企业进入第二个阶段发展期。这时，企业面临的环境渐趋复杂化，规模扩大，竞争性增强，业务量增大，组织结构也随着相应扩大，内部分工越来越细，专业化程度提高等。此时，由于时间、精力的限制，以及专业知识、能力的有限，单纯依靠经营者个人能力维持企业运行的粗放型管理已经不再适应企业发展，管理职业化、规范化成为企业进一步发展壮大的核心需求。所以这个阶段在继续通过销售活动扩张市场的同时，管理水平的提升也是企业持续发展的关键因素。

在这个阶段企业期待规范化管理提高运营效率，追求收入的快速增长及利润的增加，有效价值活动也主要集中在销售类、管理类相关的活动中。

### 3. 成熟期求稳健，改革创新保繁荣

第三阶段是指企业的成熟期，也是企业发展的繁荣时期、巅峰时期。进入这一阶段，企业的灵活性、成长性及竞争性达到了均衡状态，其发展方向有三：一是经过短暂的繁荣后进入老化、衰退阶段，这是企业最不愿看到的；二是企业不断进行微调，尽可能延长这一阶段；三是企业积极而稳妥地推进企业内部变革，进入到新一轮增长期。所以企业走向如何，创新能力变得很重要，任何领域的创新都能带来新的商机和成长点，创新就是这个阶段的发展主题，以构建企业持续发展、永葆青春的能力。

成熟期的企业已经达到巅峰状态，人均单产、有效价值比率等反映企业竞争力的指标日嚣尘上，同时，上市企业的股价也会是企业实力及发展趋势的重要风向标，这个阶段的有效价值活动主要集中在各种能给企业带来增长的创新活动中。

### 4. 衰退期需整治，变革整改促新生

第四阶段是企业发展的衰退期，但企业进入第四阶段并不意味着它的生命已经走到最后，如果及时进行改革，还可以"起死回生"，进入新的发展期。在这个阶段，企业一般出现业绩下滑、效率低下、凝聚力降低以及适应性差等症状。但问题也是机会，这也是企业重新崛起，获得新生的机会。如果能够从根本上重新审视已形成的基本信念，即对长期以来企业在经营过程中所遵循的分工思想、经营体系、薪酬分配、激励机制等进行检查，看是否与新的环境相适应，对不适应的部分进行脱胎换骨式的彻底改造，步入新生。

衰退期的企业迫切需要重生，能给企业带来新的生机的变革活动是这个阶段的主要有效价值活动，企业主要追求股价的改善（适用于上市企业）、收入的增加等。

　　一般来讲，企业战略和企业文化也会随着企业发展阶段的变化而变化，并对企业价值造成影响。企业在不同阶段的发展战略会出现变化，如上文提到的不同阶段的核心竞争力、有效价值指标会不一样，这与不同阶段的发展战略是一致的，导致有效价值活动领域也会发生变化；不同阶段的企业文化也会发生细微变化，如创业初期，强调初生牛犊不怕虎的文化，鼓励勇往直前、百折不挠地开拓市场；而在发展期则强调高绩效文化，是一个用成绩证明能力的阶段；成熟期则已回归理性，强调公平、规范的文化，并鼓励创新；衰退期则变革文化已成为主题。与发展阶段相对应，不同文化下的有效价值形式也会发生相应改变。

　　所以，在企业中，不管是当期还是未来的有效价值活动领域不是一成不变的，有效价值的具体形式也随着企业经营领域、发展阶段的不同而不同。企业成败的关键在于人，不管是经营什么业务、在哪个发展阶段，企业都需要通过合理的薪酬分配留住并正确激励核心人才，动态调整薪酬分配策略，使之与有效价值、机会价值的核心业务领域、特点、形式等相匹配，引导人才的价值创造始终聚焦在企业的有效价值和机会价值上，从而统一人才个人利益与公司利益，实现人才和企业从博弈走向共赢。

## 三、因地制宜的薪酬体系

　　企业内的薪酬体系主要包括薪酬策略、薪酬水平、薪酬构成、薪酬结构、薪酬日常管理等内容。要想达到预期的激励效果，在设计薪酬体系时，必须在界定好企业价值类型及其领域的基础上，始终围绕有效价值（当期的有效价值）和机会价值（未来的有效价值）的业务领域及关键活动，与之一起动态调整，形成促进各领域业务增长的、因地制宜的薪酬体系，如图5-4所示：

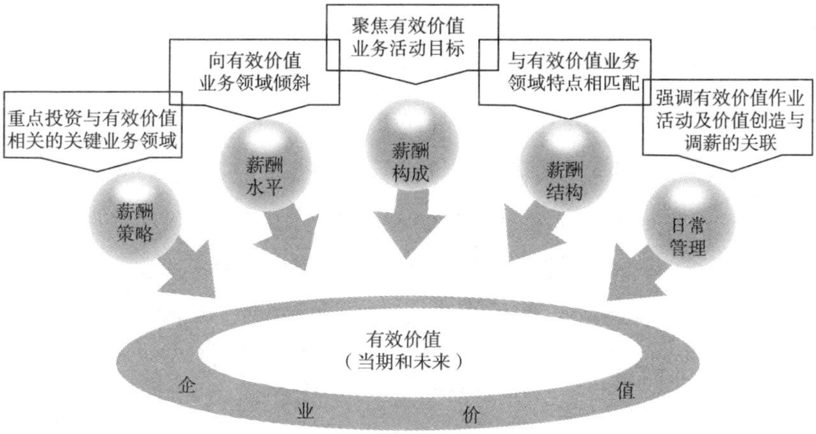

图 5-4　因地制宜的薪酬体系

（一）薪酬策略与有效价值

薪酬策略要解决的是整个薪酬体系的指导原则、方向等政策层面的规划，如付薪理念、薪酬水平策略、激励目标等，付薪理念明确了企业为什么付薪，是业绩、能力、职位价值还是综合考虑各种因素，薪酬水平策略则明确了企业薪酬水平在市场上的整体竞争力，激励目标反映了公司在效率与公平之间的平衡。

薪酬策略要关注执行战略的关键成果和行为，并重点投资在企业的关键业务领域、能产生有效价值的核心领域，引导人才的价值创造行为与有效价值的方向相匹配。关注企业有效价值活动领域既能体现薪酬对企业价值实现的贡献，也能建立薪酬对企业经营支持的连接。

（二）薪酬水平与有效价值

薪酬水平的确定也必须与动态的有效价值保持一致，确保足够的竞争力吸引与保留人才，薪酬水平在一定程度上也决定了企业产品在市场上的灵活性，也即产品在市场上的价格策略操作空间，所以也会对有效价值产生影响。

根据价值链分析及战略分析界定出企业的有效价值活动领域及有效价值类型后，薪酬投资一定要重点流向有效价值的核心活动领域，并对该领域内从事有效价值创造活动的人才进行重点倾斜。如某企业的核心有效价值活动领域是研发和销售环节，企业可采取领先市场的薪酬水平来吸引和保留这两个领域内的优秀人才；假如发现无效价值总是经常出现在某个环节，从薪酬角度则可反思是否需对薪酬水平、薪酬策略等因素进行调整。

（三）薪酬构成与有效价值

薪酬的构成项目有经济性的和非经济性的，有固定的和浮动的，不同的薪酬项目激励效果也不相同。一般来说，浮动的薪酬项目比固定的项目激励力度更大，因为浮动的薪酬项目将所得和所付出联系在一起；经济性的薪酬项目是员工收入的主要来源，解决的是员工的"吃饭"问题，而非经济性项目，如荣誉、培训、旅游等则从精神方面给与员工激励，有时甚至能起到超出预期、意想不到的效果。

在结合有效价值活动及要达到的激励目标，可在核心领域设置更多的浮动项目，多样的薪酬组合，以充分发挥激励效果，激发人才的有效价值活动领域的作业活动高效达成。

（四）薪酬结构与有效价值

薪酬的结构是对各薪酬项目如何组合的安排。如固浮比，即固定薪酬与浮动薪酬的比率。固浮比太高，干多干少一个样，缺激励，员工丧失积极性；固浮比太低，指标一松一紧差别大，太主观也难公平，预算难掌控，绩效容易沦为形式。

所以固浮比不是越高或越低就越好，要看对象是谁、是否是有效价值领域、该领域业务的特点如何、企业管理水平如何等。一般来说职位业绩、任职者能力对企业有效价值影响越大，固浮比就越低。

（五）薪酬日常管理与有效价值

在薪酬的日常管理中，如薪酬预算、薪酬增加，也必须与企业的有效价值领域保持一致。如薪酬预算重点倾斜有效价值业务领域的关键人才；薪酬增加的标准可以引导人才的行为，通过强调有效价值作业活动及价值创造与调薪的关联，可以提升有效价值实现的效率和效果。

从上文分析可知，不同价值类型所在的不同的业务领域，以及业务领域本身所具备的不同的特点，都会对薪酬体系提出不同的要求。要想实现更多的有效价值，薪酬体系必须始终与有效价值的活动领域保持一致，根据不同领域的业务特点，实行因地制宜的薪酬体系，发挥薪酬的激励效果，促进有效价值的高效实现。

## 本章小结

企业的无效价值、有效价值、机会价值的特点不同，所需的激励方式和侧重也有所不同，与之相对应，在企业不同价值基础上，薪酬有基于无效价值的薪酬耗费、基于有效价值的有效薪酬和基于机会价值的投资薪酬等三种。至于福利属于何种薪酬范畴，取决于福利的受众，即人才所从事的价值作业活动的性质。

企业有效价值的活动和形式是动态变化的，它与企业的经营领域、发展阶段有关。薪酬体系的设计要与之始终保持一致，随着有效价值的业务领域及关键活动的不同而不同，并设计因地制宜的薪酬体系，以充分发挥激励的效果，实现有效价值。

# 第六章　基于价值的薪酬分配

　　前面对工作价值的特点、企业价值的来源，以及促使企业有效价值和机会价值重复出现的原理作了介绍，并说明了为什么薪酬设计要基于企业价值，以及薪酬设计的理念，必须是动态的、因地制宜的、始终与企业价值导向保持一致的。那么企业的薪酬到底该如何分配，薪酬体系该如何设计？这就是本章要解决的问题。

　　传统的薪酬设计中，往往是从职位价值分析出发，得出职位价值体系，并在此基础上参照市场水平设计薪酬标准，具体到个人时再根据个人的能力、资质进行上下调整。这个薪酬体系建立的过程工程浩大而复杂、周期较长、牵涉面广，所以很多企业往往四五年或更长时间才进行一次较全面的改革和修正，平常仅限于薪酬水平上的小修小补，滞后于业务发展的实际需要。

　　精准薪酬的设计强调要从薪酬类别出发，基于工作价值分别思考薪酬耗费、有效薪酬和投资薪酬的设计。在这个过程中，传统的职位薪酬依然有其借鉴意义，它提供了动态职位的职位薪酬基准，在此基础上，可依据工作项形成动态的、个性化的薪酬外围圈，从而形成动态的工作项价值薪酬图谱。

## 一、职位薪酬基准设计

　　职位薪酬是指业界较流行的因职定薪思路中以职位价值为基准来建立薪酬标准。在精准薪酬设计中，职位薪酬可作为工作价值薪酬的基准，其设计思路可按业界较成熟的流程进行，先确定分配依据，再设计水平，最终确定薪酬方案，如图 6-1 所示：

**图 6-1　职位薪酬基准设计流程**

（一）薪酬分配的主要依据

针对职位特点及任职资格等级标准，查证不同职类同等职级间的价值创造差异（IPE 法），以及每一职级标杆职位价值与市场比价（市场调查数据），确定薪酬分配的参考依据。

（二）薪酬水平设计

结合薪酬策略，确定不同职位序列薪酬的市场竞争力，给其设定不同的市场分位，如可将核心业务领域的标准定为市场 90 分位，以吸引和保留优秀人才进驻，确保该领域的价值作业；将非核心业务领域、可替代性比较强、市场供应比较多的领域指定为 50 或更低的分位，以降低成本。

在确定好薪资等级数量后，薪酬水平设计的关键点是确定不同级别的中位值、带宽、中位值跃升度及每个等级的薪资范围，具体操作步骤如表 6-1 所示：

表 6-1　　　　　　　　　　　　　　薪酬水平设计

| 步　骤 | 要　点 |
| --- | --- |
| 标杆调研 | 对于每一任职资格等级，均需从不同职位分类中各自选取代表职位作为标杆，并据此展开调研分析 |
| 中位值 | 依据薪酬定位及分析调研结果选择中位值 |
| 带　宽 | 不同任职资格等级可设置不同带宽，等级越高，带宽越大 |
| 中位值跃升度 | 不同任职资格等级可设置不同中位值跃升度，等级越高，中位值跃升度越大 |
| 工资等级表 | 依据中位值、带宽、中位值跃升度推算工资等级表，同时依据不同区域市场的平均工资设定地区差异系数 |

（1）标杆调研：如根据市场调研的数据，获知行业内不同任职资格等级下各标杆职位全年基本工资总额的市场水平如表 6-2 所示：

表 6-2 薪酬调研数据示例

单位：元

| 任职资格等级 | 标杆职位 | 25分位 | 50分位 | 75分位 | 90分位 |
|---|---|---|---|---|---|
| G6 | 职位一 | 135 499 | 149 411 | 172 185 | 206 670 |
| | 职位二 | 136 014 | 151 684 | 167 358 | 202 981 |
| | 职位三 | 119 458 | 139 159 | 173 947 | 204 605 |
| | …… | … | … | … | … |
| | 平均 | 130 323 | 146 751 | 171 164 | 204 752 |
| G5 | 职位一 | 138 132 | 145 901 | 162 820 | 184 619 |
| | 职位二 | 112 401 | 146 188 | 159 967 | 181 938 |
| | 职位三 | 104 983 | 142 130 | 164 257 | 182 540 |
| | …… | … | … | … | … |
| | 平均 | 118 505 | 144 740 | 162 348 | 183 033 |
| G4 | 职位一 | 96 868 | 129 827 | 126 016 | 141 247 |
| | 职位二 | 97 639 | 125 987 | 130 309 | 136 042 |
| | 职位三 | 99 829 | 134 200 | 118 942 | 135 501 |
| | …… | … | … | … | … |
| | 平均 | 98 112 | 130 004 | 125 088 | 137 596 |
| …… | | | | | |

（2）中位值设计：结合薪酬调研数据对不同任职资格等级设置不同的薪酬定位。一般来讲，职级越高，要求越具有市场竞争力，可参考各任职资格等级下所有职位的平均市场薪酬水平作为中位值设计的基准，如表 6-3 所示：

表 6-3 中位值数据示例

单位：元

| 任职资格等级 | 25分位 | 50分位 | 75分位 | 90分位 |
|---|---|---|---|---|
| G6 | 130 323 | 146 751 | 171 164 | 204 752 |
| G5 | 118 505 | 144 740 | 162 348 | 183 033 |
| G4 | 98 112 | 130 004 | 125 088 | 137 596 |
| …… | | | | |

（3）带宽设计：带宽是某一任职资格等级中工资等级最大值与最小值的提升率，计算公式为"带宽＝最大值／最小值－1"。依据职位价值与薪酬带宽的经验值，若任职资格由低到高分位10个等级，G4～G5对应带宽为40%，G6对应带宽为60%。

（4）中位值跃升度：中位值跃升度是某一任职资格等级的工资等级中位值，与其低一级任职资格等级的工资等级中位值之比，计算公式为"中位值跃升度＝上一G级中位值／下一G级中位值"。

（5）工资等级表：依据上述设计理念，假定G6按市场75分位、带宽为50%，G4和G5按市场50分位、带宽为40%，可计算形成A类地区工资等级；再按月基本工资1000元的地区差异标准递减，即B类地区某等级的年基本工资是A类地区相应水平年基本工资减去12000（1000×12）元，以此类推，取整五十数，形成不同城市级别的工资等级表，如表6-4所示：

表 6-4　　　　　　　　　　基本工资等级表示例

单位：元

| 任职资格等级 | 等级 | A类地区 | | | B类地区 | C类地区 | D类地区 |
|---|---|---|---|---|---|---|---|
| | | 年基本工资 | 带宽 | 中位值跃升度 | 年基本工资 | 年基本工资 | 年基本工资 |
| G6 | 最大值 | 205 440 | | | 193 440 | 181 440 | 169 440 |
| | 中位值 | 171 200 | 50% | 1.18 | 159 200 | 147 200 | 135 200 |
| | 最小值 | 136 960 | | | 124 960 | 112 960 | 100 960 |
| G5 | 最大值 | 168 817 | | | 156 817 | 144 817 | 132 817 |
| | 中位值 | 144 700 | 40% | 1.11 | 132 700 | 120 700 | 108 700 |
| | 最小值 | 120 583 | | | 108 583 | 96 583 | 84 583 |
| G4 | 最大值 | 151 667 | | | 139 667 | 127 667 | 115 667 |
| | 中位值 | 130 000 | 40% | | 118 000 | 106 000 | 94 000 |
| | 最小值 | 108 333 | | | 96 333 | 84 333 | 72 333 |
| …… | | | | | | | |

注：最小值＝2×中位值／（2+带宽），最大值＝（1+带宽）×最小值。

**（三）薪酬方案确定**

薪酬体系方案确定即形成工资等级表，经过上述步骤最终呈现出了既考虑任职资格等级，又考虑业务特点及地区差异的薪资体系，形成了体现地区差异的分职类细分工资等级结构表。

## 二、无效价值与薪酬耗费

从企业角度的无效价值来源可知，与工作业绩无关的薪酬投入增加会反映在薪酬耗费的基本工资的调整中，企业要想保持薪酬的竞争力，在总薪酬预算时，必须预备一定的薪酬涨幅空间，以应对人才市场的争夺战，关于此部分的薪酬预算，在本套丛书之《理才布局——

人力资源规划》一书中已有描述，此处略过。而企业角度其他两个来源，失策的业务造成的经济损失和业务某发展阶段的必要投入与薪酬设计的直接关联不大，此处不予考虑。

从个人角度的无效价值来源可知，当把职位的基准薪酬设计好后，员工在该职位上并不总能完全发挥该职位应有的价值，因为无效工时的必然存在，总会出现一定的薪酬耗费，而由于无效工时的普遍性和客观性，在此基础上的薪酬耗费可视为对有效薪酬支出的支撑，具体多少视企业对员工的态度、人性化管理程度来定。阶段性的效率低下与企业的组织调整、人员调整有关，薪酬调整一般也面临法律上的风险，这种情况下一般以职位薪酬的基准标准为主，可调空间不大。所以需要重点分析的是个人工作不饱和造成的薪酬耗费的考量。

（一）职位价值耗费占比评估

职位价值耗费占比是指忽略其他无效价值产生的原因，相对职位价值来说，因个人工作不饱和带来的无效价值的占比。在职位薪酬这个基准下，可以根据企业工作安排上的饱和度以及人员与职位的匹配度两个维度来衡量薪酬耗费在职位基准薪酬中的占比。

**1. 饱和度**

工作饱和度反映了工作内容的强度，饱和度越高，表明员工越忙，有效工时与规定工时之间比率越大。当然，脱离工作质量和效率的工作饱和度是没有意义的，同一件事情因为掌握的工具、技能等的差别，有的人轻轻松松很快就做完了，有的人则是人仰马翻。从企业角度来分析工作饱和度，主要是分析普遍的、正常情况下的饱和度，假定工具、个人技能等个性化的因素均为"均码"状态。

在企业中，饱和度并不是越高越好，超负荷更是不可取。特别是技术、管理类，如设计、工艺方案等是需要靠积累的，特别是新技术的应用是技术人员全身心投入才可实现，有时他们在睡梦中都是想的工作问题。另外，员工是人，每人每天喜怒哀乐都不一样，即使公司每天排满 8 小时的工作量，有时也是搞搞形式，工作效率不见得会高。

## 2. 匹配度

工作匹配度反映了人具备的能力、素质与职位的任职资格之间的符合程度，匹配度越高表明该职位的任职者越能胜任该职位，因而完成工作的效率和质量也会更高。所以一般来讲，员工在某职位的工作产生的无效价值与工作匹配度成反比，所以薪酬耗费也会随着匹配度的提高而减少。

## 3. 职位价值耗费占比

假定忽略其他因素，匹配度为 x，饱和度为 y，则职位价值耗费占比的示意图，如图 3-7 所示：

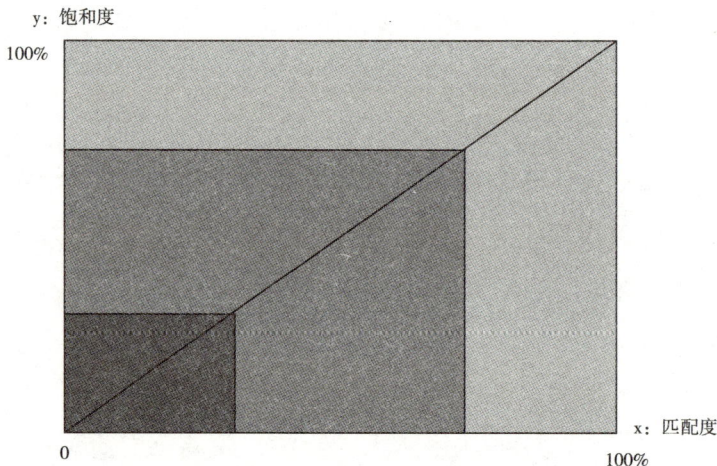

图 6-2　职位价值耗费占比示意图

简易计算公式如下：

$$职位价值耗费占比 = 1 - \iint dxdy$$

## （二）薪酬耗费计算

职位价值耗费占比是薪酬耗费计算的依据，结合职位薪酬基准，薪酬耗费的计算公式如下：

薪酬耗费＝职位薪酬基准 × 职位价值耗费占比＝职位薪酬基准 ×（1－$\iint dxdy$）

该公式表明，在界定个人的薪酬耗费时，需注意对个人创造的部分有效价值对应的有效薪酬的剔除，也就是需要计算出职位价值耗费的占比，尽可能精准、客观分析薪酬分配依据和来源。

## 三、有效价值与有效薪酬

有效价值是与企业战略发展及竞争力提升相关，并能给企业带来经济价值变现的活动产生的价值。有效价值主要体现在提升效率、降低损耗、增加附加值上，也就是说，它体现在致力于提升品质、技术创新、优化售后服务等增加附加价值的增值活动中。而有效薪酬，如工资水平、绩效奖金、奖励计划等，要始终围绕该有效价值业务领域的特点、有效价值形式、关键活动的特点，与之相匹配来设计。具体步骤如图 6-3 所示：

图 6-3　有效薪酬设计流程图

有效价值核心业务识别在第二章中已有详细介绍，它必须是结合价值链和战略分析来识别。有了核心业务领域及关键活动，接着还要对核心业务进行细化的分解，从关键活动分解到工作单元最终分解到工作项，关于工作项的分解在本套丛书之《任职资格——人才价值链实现》一书中已有详细介绍，此处略过。由于工作项是最小的工作任务，当对每一个工作项进行价值评估后，就可以根据业务需要来动态组合多个工作项，从而形成相对固定的"职位"，并在此基础上来计算有效薪酬，形成动态的薪酬图谱。

（一）工作项的有效薪酬基数

企业内的职位是众多工作项的集合，而由于发展需要，工作项与工作项之间的组合不是一成不变的，尤其在互联网时代，U盘式人才的即时拔插，也需要对单个工作项的价值进行评估，形成单个工作项的薪酬标准，来应对工作项的动态组合，就像互联网时代的APP，用户可以根据使用习惯、偏好等自行下载使用，形成自己的app集合。工作价值的薪酬动态图谱原理与之类似，就是建立工作项价值的标准（类似app），根据工作安排（用户习惯）形成动态的薪酬图谱（个人的app集合）。所以，分解出工作项后，首先要对工作项的"职位"价值进行评估（这里的"职位"加上引号，是因为工作项不是传统的职位，只是借用了传统职位价值评估的概念）。

由于工作项的分解来源于有效价值的核心业务，是与战略导向和价值链中企业竞争力优势一致的，对工作项的"职位"价值评估可以从工作项内容的难度、强度、周期等三个维度来综合评估，如表6-5所示：

表6-5　　　　　　　　　　工作项"职位"价值评估示意表

| ××工作项 | | | | |
|---|---|---|---|---|
| 维度 | 指标 | 评分标准 | 权重 | 得分 |
| 难度 | 专业性 | 涉及知识专业而复杂，快速习得性很小，最高10分，最低0分 | 10% | 6 |
| | 有无参照 | …… | | |
| | 有无成功案例 | | | |
| | 业务跨度 | | | |
| | …… | | | |
| 强度 | 投入精力 | | | |
| | 发生频率 | | | |
| | 专注度 | | | |
| | …… | | | |
| 周期 | 时间长短 | | | |
| 合　计 | | | | |

企业还可结合实际业务需要和管理成本，将难度、强度和周期等三个维度细化为更具体的指标，并定义每个指标的评分标准和权重，对不同工作项进行评估打分，从而得出该工作项的价值，形成工作项价值体系。假定根据这三个维度细化为 8 个指标，每个指标均为 10 分制，按一定评估流程对各工作项打分评估后，可形成工作项价值体系，如表 6-6 所示：

表 6-6　　　　　　　　　　　工作项价值体系

| 得分 | 业务单元一 | | | 业务单元二 | | | 业务单元三 | | | …… |
|---|---|---|---|---|---|---|---|---|---|---|
| | 工作项1 | 工作项2 | …… | 工作项1 | 工作项2 | …… | 工作项1 | 工作项2 | …… | |
| 75~80 | | √ | | | | | | | | |
| 70~74 | √ | | | | | | | √ | | |
| …… | | | | √ | | | | | | |
| 21~30 | | | | | √ | | | | | |
| 0~20 | | | | | | | √ | | | |

注："√"表示该工作项所处的价值区间。

传统职位实际上就是由相对长期、固定、类似的工作项组合形成的，所以在职位薪酬基准上，就可根据组成该职位的各个工作项的价值得分，初步拟定各个工作项的薪酬标准。例如，假定某职位原来的薪酬标准为 5000 元，通过工作项分解可知该职位主要由 4 个工作项组成，且工作项价值分别为 52、60、63、65，那么就可以根据工作项价值占比，初步拟定各工作项对应的有效价值，如表 6-7 所示：

表 6-7　　　　　　　　工作项有效薪酬基数计算示例

| ××职位 | 职位薪酬基准：5000元 | | |
|---|---|---|---|
| 项　目 | 工作项价值 | 工作项价值占比(%) | 有效薪酬基数（元） |
| 工作项1 | 52 | 21.67 | 1083.5 |
| 工作项2 | 60 | 25.00 | 1250.0 |
| 工作项3 | 63 | 26.25 | 1312.5 |
| 工作项4 | 65 | 27.08 | 1354.0 |

注：工作项价值占比＝某工作项价值／Σ 工作项价值×100%；有效薪酬基数＝职位薪酬基准 × 工作项价值占比。

　　以此类推，可以得出不同业务单元各个工作项的有效薪酬基数。企业在实施精准薪酬的有效薪酬设计时，初始化薪酬体系可按此思路在原职位薪酬基准下以各工作项的价值占比得出工作项的薪酬基数，在执行一段时间后，则可结合企业在内部实施工作项的"招投标"市场中的竞价来调整和修正各工作项的薪酬标准。

（二）工作价值薪酬动态图谱

　　为什么说是"基数"，这是因为工作项的组合是动态的，每个人承担的工作项是不固定的，且在企业内部工作项的"招投标"市场上，最终的有效薪酬也会受内部市场竞争性的影响。所以不管从企业角度的动态职位安排，还是个人角度的工作项承担，企业里最终的有效薪酬都会形成动态的图谱，如图 6-4 所示（当以个人角度时，图中"职位"换成某某员工即可）。

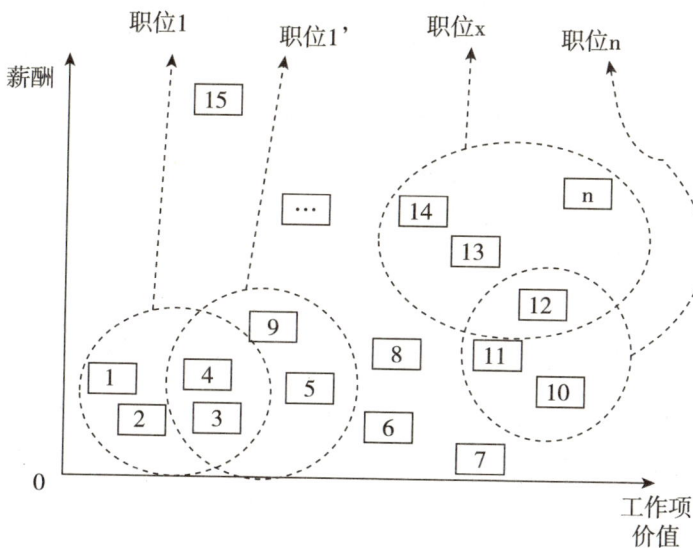

**图 6-4　工作价值动态图谱**

### 1. 企业角度的动态职位薪酬

职位虽然是企业相对固定、类似的工作项的集合，但在不同时期，在企业发展的不同阶段，同一个职位所包含的工作项内容是不相同的。如果职位的薪酬标准仍然按传统职位薪酬模糊定薪，则会与职位本身的价值不相符。例如，企业初创阶段，一般来讲人员规模较小，人力资源部门（甚至都不能称之为部门，只能称之为团队）可能只有 1 个人，这个人不仅承担了招聘、绩效考核、薪酬核算发放的职责和事项，可能还包含了行政、文秘等综合办公角色。而随着企业的发展，人员规模的扩大，管理的规范化，这种一而统的方式显然已经不适合，可能会细分出某某人专门负责招聘、某某人专门负责薪酬核算、某某人专门负责行政等更为细致的分工，因而职位也会由原来的一个成为多个。如图 6-4 所示，工作项 1、工作项 2、工作项 3、工作项 4 在某个阶段组合成了职位 1，但是在另一个阶段同一个职位名称可能又被赋予了工作项 3、工作项 4、工作项 5 和工作项 9 的职责，成为了职位 1'。此时该职位的薪酬标准假如仍然建立在传统的职位价值基础上，显然不合时宜。而若以工作项价值为基础，在建立了工作项价值体系的前提下，很方便就可计算出不同时期不同职位的价值和薪酬标准，计算公式如下：

$$职位价值 = \sum 工作项价值$$

$$职位薪酬 = \sum 工作项有效薪酬基数$$

所以只要工作项组合发生了变化，企业的薪酬标准应该随着发生调整，以真正反映职位的价值。

### 2. 个人角度的动态工作项集合薪酬

个人角度的动态工作项集合来自两个因素，一是如职位的动态组合，个人所承担职位在不同时期可能是由不同工作项组成的；二是假如企业内部有了工作项价值体系，并建立了工作项的有效薪酬基数，那么企业就可以在内部建立工作项的招投标市场，具体步骤如下：

**看板**：将工作项的具体事项，如目标、验收标准、时效、报酬等发布出去，形成看板，企业内所有员工均可参与。当事项很紧急，或者发生频率很小并非常规事项只是偶然事件时，还可将看板公布范围扩大至企业外部，调动外部资源来参与竞争。

**投标**：员工结合自己的条件，如能力、兴趣、资源、需求等，以及工作项能提供的回报，如经济收入、经验、学习机会、团队等，选择合适的工作项参与竞争投标。

**定标**：企业结合管理成本、时间成本等因素，可设定不同条件选定人员来完成各个工作项，如是否有相关经验或成功案例、资历、技能等。

**验收**：选定人员后，双方达成一致即可签订协议，约定时间、数量、质量、报酬等与工作项相关的事项，并将之作为最终工作项验收和付酬的标准。验收时，可按约定的协议对工作项的实际完成结果进行评判，确定验收系数。

**回报**：最终的回报则是工作项的有效薪酬基数与验收系数的乘积。

在这种情况下，个人的有效薪酬所得就是他／她在完成各个工作项所获得的回报之和，具体数量与其承担的工作项数量、质量及工作项的标准有关，而不是固定的某个数。计算公式如下：

个人有效薪酬＝∑个人完成工作项有效薪酬基数 × 验收系数

企业有效薪酬＝∑发布工作项有效薪酬基数 × 验收系数 × ∑个人有效薪酬

### 3. 动态的工作项薪酬图谱

在工作项的发布、执行过程中，投标和定标实际上也是一种双向选择的过程，企业根据员工实力来选择合适的人，员工根据工作项能带来的收获来选择能承担的工作项。这种双向选择有利于打破传统的行政安排，并充分调动企业内各人才的智慧和才智，而不仅仅局限在传统的部门内部，且有利于建立平等、开放的文化氛围，尤其适用于80后、90后人员众多的，以及新兴的、追求创新突破的互联网企业。

当然，在招投标市场上，工作项的有效薪酬基数可能会随着市场上的竞争情况有所调整。如竞争人数太多，可在有效薪酬基数基础上下调；如无人参与，可调整工作项的标准，如上调有效薪酬基数。从而在这种模式下，在工作项价值基础上形成了动态的实际有效薪酬，如图6-5所示：

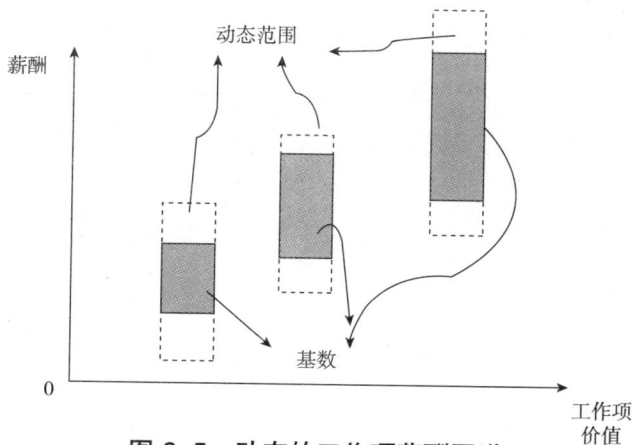

图 6-5 动态的工作项薪酬图谱

图6-5中，实线区域表明该工作项价值标准下的有效薪酬基数，上下两部分的虚线范围则表示在内部招投标竞争市场上最终形成的实际有效薪酬范围，上下限的范围取决于竞争市场双方的话语权，也就是市场程度的高低，任何一方取得上风，该次工作项最终的有效薪酬定标都会向有利于自己的一方偏离。

这种管理创新，既解决了企业发展的动态业务需要，也有利于改变目前"因职定薪""因人定薪"的定式，而代之以"以工作项定价值""以价值定薪酬"的模式。

（三）有效薪酬计算示例

在以工作项价值为基础的动态薪酬模式下，个人的薪酬所得一般会分为两个部分：一部分是对人才资本（能力、资质、经验）的占有支付，相对固定，可称之为基本工资；另一部分就是基于工作价值的有效薪酬。基本工资中有多少薪酬耗费，可以以经验工作项组合形成的常规职位的薪酬基准为主，结合个人匹配度和饱和度来计算；有效薪酬的多少则取决于个人所承担的工作项。

假定某互联网企业实行的是基于价值的薪酬体系，该企业招聘人员（以下称之为小A）入职时与企业约定的工资结构为基本工资1500元/月加上有效薪酬部分。

**第一个月**：小A还处于熟悉阶段，只参与了本职工作，即招聘，且只完成2个名额，获得有效薪酬2000元；且由于还处于适应阶段，工作相对比较清闲。

在这第一个月，企业可评估小A的薪酬耗费，按匹配度80%，饱和度60%计算，可知职位价值价值耗费占比为1-80%×60%=0.52，薪酬耗费为1500×0.52=780元，如表6-8所示：

表 6-8　　　　　　　　　薪酬耗费计算示例（一）

| 职位薪酬基准 | 匹配度 | 饱和度 | 薪酬耗费占比 | 薪酬耗费 |
|---|---|---|---|---|
| 1500元 | 80% | 60% | 0.52 | 780元 |

有效薪酬则由两部分组成，一是该常规职位的实现的价值部分，即职位薪酬基准减去薪酬耗费的余额，为 1500-780=720 元；另一部分就是由于承担工作项所得的有效薪酬，为 2000 元。有效薪酬共为 2720 元，如表 6-9 所示：

表 6-9　　　　　　　　　有效薪酬计算示例（一）

单位：元

| 职位薪酬基准 | 薪酬耗费 | 常规职位有效薪酬 | 工作项有效薪酬 | 有效薪酬合计 |
|---|---|---|---|---|
| 1500.00 | 780.00 | 720.00 | 2000.00 | 2720.00 |

即第一个月小 A 的综合所得为 1500+2000=3500 元，其中薪酬耗费为 780 元，有效薪酬为 2720 元。

**第四个月**：随着业务的逐步熟悉，小 A 招聘任务完成得越来越好，在第 4 个月成功招聘引进 5 名人员，其中还有一个高级人才，获得招聘工作项的有效薪酬 6000 元；同时由于小 A 在业余时间喜欢研究 UI 设计，还竞标了公司某产品 UI 改版设计的工作项，该工作项的有效薪酬基数为 5000 元，并成功完成，验收系数获得了 0.8，赢得该项工作项的有效薪酬为 5000×0.8=4000 元。

在这第四个月，企业可评估小 A 的薪酬耗费，按匹配度 90%，饱和度 90% 计算，可知职位价值价值耗费占比为 1-90%×90%=0.19，薪酬耗费为 1500×0.19=285 元，如表 6-10 所示：

表 6-10 薪酬耗费计算示例（二）

| 职位薪酬基准（元） | 匹配度（%） | 饱和度（%） | 薪酬耗费占比 | 薪酬耗费（元） |
|---|---|---|---|---|
| 1500 | 90 | 90 | 0.19 | 285 |

有效薪酬仍由两部分组成，一是该常规职位的实现的价值部分，即职位薪酬基准减去薪酬耗费的余额，为 1500-285=1215 元；另一部分就是由于承担工作项所得的有效薪酬，为招聘工作项所得 6000 元，以及 UI 改版设计工作项所得 4000 元，工作项有效薪酬共有 1 万元。有效薪酬共为 1215+10000=11215 元，如表 6-11 所示：

表 6-11 有效薪酬计算示例（二）

单位：元

| 职位薪酬基准 | 薪酬耗费 | 常规职位有效薪酬 | 招聘工作项有效薪酬 | UI改版设计工作项有效薪酬 | 工作项有效薪酬小计 | 有效薪酬合计 |
|---|---|---|---|---|---|---|
| 1500 | 285 | 1215 | 6000 | 4000 | 10000 | 11215 |

即第四个月小 A 的综合所得为 1500+10000=11500 元，其中薪酬耗费为 285 元，有效薪酬为 11215 元。

从该例可以看出，假如该企业按传统的"因职定薪"，参考市场水平及职位价值薪酬标准，给小 A 定为每月 6000 元，有时给企业造成了浪费，如第一个月，因为员工并未带来期望的付出和价值；有时则会远远低于员工实际带来的价值，无法真实反映小 A 的实际付出成果，如第四个月，容易影响工作激情，不利于企业有效价值的更多实现。而实施因价值定薪，则能够很真实地反映员工的实际工作付出成果，也容易激发员工斗志，真正实现多劳多得、少劳少得。

同时，薪酬耗费和有效薪酬的占比也能反映出企业薪酬管理的效率和效果，如计算企业有效薪酬比率，衡量有效薪酬支付在总薪酬支付中的比重，以反映薪酬激励的效果。企业的有效薪酬比率的计算公式如下：

$$有效薪酬比率＝有效薪酬/（有效薪酬＋薪酬耗费）$$

有效薪酬比率越高，表明企业在总薪酬支出中的薪酬耗费越少，激励效果越好；反之亦然。

## 四、机会价值与投资薪酬

机会价值并不是当期实现的价值，而是企业预期未来能实现的价值，并因而对某业务领域进行投资，以及给该业务领域的核心骨干和关键人才给予基于未来价值实现的薪酬分配，如期权、分红等。基于机会价值的投资薪酬的设计要解决分多少、给谁分以及怎么分的问题。

（一）分多少

投资薪酬是基于未来有效价值实现的机会投资，是企业基于业务储备、战略布局等对核心人才的挽留，是对企业有效价值及人才价值贡献的双重看好的预期投资。

投资薪酬的多少取决于对未来机会价值的判断，一般有两种思路：

一是分配投资薪酬的收益权，该收益权实际收益实现的时间和金额均取决于机会价值在未来的变现周期及数量，投资薪酬的拥有者在当期只是拥有收益权，需基于机会价值的变现来变现，如期权、利润分红等。

二是直接分配投资薪酬的收益，这个收益是基于机会价值在当期的贴现价值的大小来分配，它的具体额度与机会价值的贴现周期及贴现率有关，而贴现周期与贴现率又和机会价值的实际变现周期相关，同时需结合市场趋势判断等风险因素对投资薪酬作一定的调整。确定投资薪酬收益的关键步骤，如表6-12所示：

表 6-12　　　　　　　　　　　投资薪酬的总额计算

| 步　骤 | 要　点 | 示　例 |
|---|---|---|
| 预估机会价值 | 确定机会价值的业务领域，结合市场趋势判断预估机会价值的大小 | 1000万元 |
| 贴现计算 | 确定贴现率和年限，计算贴现至当期的价值 | 300万元 |
| 分享比例 | 设定从贴现后的当期价值中进行人才投资的比例，即从贴现价值中拿出多少与人才分享 | 10% |
| 计算投资薪酬 | 根据机会价值在当期的贴现价值及分享比例计算可分配的投资薪酬 | 30万元（300×10%=30） |
| 风险调整 | 根据风险（年限、市场变化）对分享价值进行调整，如下调5万元，确定可分配的投资薪酬的多少 | 25万元（30-5=25） |

（二）给谁分

投资薪酬是基于企业未来机会价值实现的薪酬分配，是企业对未来的看好，希望留住核心人才与之一起创造实现企业的未来，并分享公司发展和成长带来的收益，故投资薪酬也是长期激励的主要方式之一。

既然是与企业未来命运息息相关，和谁在一起很重要，明确投资薪酬的分配对象也就至关重要。也就是说，参与投资薪酬分配的人选必须得到企业这样的评价：你很认可企业，同时企业认可你的过去，相信你的未来，希望通过投资薪酬留住你一起来实现企业的未来。

对投资薪酬分配对象的评定要素一般有可持续性贡献、职位价值、工作能力、对企业的认同程度等维度，对每一个维度又可结合企业实际情况进一步细化和明确，如表6-13所示：

表 6-13　　　　　　　　投资薪酬分配对象评定要素示例

| 维　度 | 明　细 |
|---|---|
| 可持续性贡献 | 对优秀人才的举荐 |
|  | 对产品的优化和技术的创新 |
|  | 对关键技术的创新 |
|  | 对战略性市场的开拓 |
|  | 对管理基础工作的推动 |
|  | 对企业文化的传播 |
|  | …… |
| 职位价值 | 职位重要性（对企业影响度、管理跨度、人员类别） |
|  | 职责难度（任职资格要求、任务性质、环境、沟通性质） |
|  | 可替代性（成长的周期及成本、劳动力市场供求、核心技术、特殊人才） |
|  | …… |
| 工作能力 | 思维能力（分析、判断、开拓、创新、决策能力） |
|  | 人际能力（影响、组织、协调、沟通、控制的能力） |
|  | 业务技能 |
|  | …… |
| 对企业的认同 | 对公司事业的认同 |
|  | 集体奋斗 |
|  | 认同企业的价值评价和价值分配的标准 |
|  | 归属感 |
|  | …… |
| …… | |

（三）怎么分

确定了投资薪酬可分配的额度和人选后，具体怎么分成为摆在眼前的问题。这里可以借鉴绩效考核及奖金分配的思路，具体步骤如下：

### 1. 明确标准

● 评选标准。选定评选标准，并给每个评选标准赋予一定的权重，类似绩效考核指标。

● 分配等级。明确投资薪酬分配的档次及规则，类似绩效考核中的绩效等级与强制分布。

● 分配系数。明确每个分配等级对应的分配系数，类似绩效奖金分配中的奖金系数。

### 2. 考核打分

结合各人选的实际情况对每个人选进行"考核"并打分。

### 3. 强制分布

计算按统一标准下每人的"考核得分"，按先后顺序排名，结合"强制分布"规则确定每人在投资薪酬中的分配等级和分配系数。

### 4. 标准单位

假设每人可分配的标准单位是"x"，则各人选的分配额就是其分配系数与标准单位的乘积。

### 5. 投资薪酬分配

根据所有人选的分配额度之和与投资薪酬总额度，计算标准单位"x"，继而计算每人可分配的投资薪酬额度，如表6–14所示：

表6–14　　　　　投资薪酬的分配示例（一）

| 人　选 | 考核得分 | 分配等级 | 分配系数 | 分配额（元） |
|---|---|---|---|---|
| 张　三 | 9.5 | A | 2.5 | 2.5x |
| 李　四 | 8.8 | B | 2.0 | 2.0x |
| 王　五 | 8.0 | C | 1.5 | 1.5x |
| 孙　六 | 7.8 | D | 1.0 | 1.0x |
| 可分配的投资薪酬总额 | | | | 100万 |

　　假设有 4 人参与投资薪酬分配，考核得分、分配等级、分配系数（见表 6-14），所示，根据可分配的投资薪酬总额 100 万元可算得标准单位 x=14.3，从而可知张三、李四、王五、孙六可获得的投资薪酬总额分别为 35.75 万（$14.3 \times 2.5$）、28.60 万（$14.3 \times 2.0$）、21.45 万（$14.3 \times 1.5$）、14.30 万（$14.3 \times 1.0$）。

　　需注意的是，在投资薪酬分配的过程中务必确保公平和公正，最好成立投资薪酬委员会来统筹和监控。

（四）投资薪酬计算示例

以某创业初期互联网公司股权激励为例。

### 1. 股本来源

　　股本是由公司股东通过与创业核心骨干员工签订协议方式赠与骨干员工，但不改变公司股东的原有股权登记信息，接受赠予的骨干员工所持有的股份由原始工商登记的大股东代持。接受赠予的骨干员工享有公司的会计年度收益分红权，其他权利由代持的原始大股东代为行使。

### 2. 股权的基准设定

　　公司登记注册初期的注册资本为 3000 万元人民币，按公司未来发行上市股权增益计划预测，公司创业初期以 5 倍增益计算，也即股权基准总额为 1.5 亿股。公司增资或者减资，公司增益仍按 5 倍计算，赠予员工的股权随公司的增资或者减资的比例变化。

### 3. 评选标准

　　按照个人贡献的价值及工作表现，评定个人贡献等级，参照贡献等级的评定结果决定股权赠予额度，由总经理提议、董事会审批确认。参与股权分配人选的评选标准如下：

　　在公司的历史发展中做出过突出贡献的人员；

　　公司未来发展急需的人员；

　　年度工作表现突出的人员；

　　其他公司认为必要的标准。

### 4. 股权分配

以注册资本增益 5 倍为基准，即总股权为 1.5 亿股，拿出 10% 奖励骨干员工，也即 1500 万股赠予给骨干员工。骨干员工按照对公司的贡献不同而确定不同的股权比例和额度，如表 6-15 所示：

表 6-15　　　　　　　　股权分配标准表

| 贡献等级 | 股权比例（%） | 人数（人） | 额度（万股） | 比例小计 | 额度小计（万股） |
|---|---|---|---|---|---|
| A | 0.60 | 4 | 90 | 2.4 | 360 |
| B | 0.40 | 6 | 60 | 2.4 | 360 |
| C | 0.20 | 9 | 30 | 1.8 | 270 |
| D | 0.10 | 12 | 15 | 1.2 | 180 |
| E | 0.06 | 24 | 9 | 1.44 | 216 |
| F | 0.02 | 38 | 3 | 0.76 | 114 |
| 合计 | — | 93 | | 10 | 1500 |

注："—"表示无该项数据。

### 5. 资格免除与股权扣除

离职、开除或者绩效不达标（绩效考核 B 等以下），公司有权单方撤销本协议，并收回赠予的股权。具体免除或取消工作由人力资源部负责管理。

## 本章小结

精准薪酬是基于工作价值基础上来思考薪酬耗费、有效薪酬和投资薪酬的设计。在这个过程中，传统的职位薪酬可以提供动态职位的职位薪酬基准，作为工作项价值和工作项有效薪酬基数计算的依据，也是实施基于价值的薪酬体系初始化数据的参考。

基于无效价值的薪酬耗费可在职位薪酬基准下，从个人的职位匹配度和工作饱和度来评估职位价值耗费占比，从而计算薪酬耗费；有效薪酬则需从核心业务分解出的工作项价值出发，建立工作项价值体系及工作项的有效薪酬基数体系，在内部实施工作项的"招投标"市场，来核发有效薪酬，以真实反映员工的实际工作付出；投资薪酬与机会价值相对应，它可以是当期的收益权，也可以是当期的实际收益，是基于机会价值进行的分配，投资薪酬的设计需从明确分多少、给谁分、怎么分出发，实现企业与人才基于机会价值的利益共享。

# 第七章　薪酬体系检验

通过对企业价值的分析，可以明确企业经济价值增长的业务领域及特点，并据此对不同价值作业领域进行薪酬激励；针对企业价值的不同类型，以及不同业务领域的关键活动特点，从核心业务领域分解出工作项，设计相应的基本薪酬、有效薪酬和投资薪酬，形成了既包括长期激励和短期激励，又有物质激励和精神激励的全面的薪酬体系，这也为薪酬体系的内容和形式上的优化提供思路。

公平性是影响薪酬管理有效发挥激励作用的重要因素。薪酬体系在企业内部不同人群、不同职位、不同业务领域内的设置差异会影响员工的内部公平感知，而相对外部市场的宏观经济环境、整体薪资水平、调薪比较、毕业生起薪等能反映企业薪资在外部人才市场上的竞争力。

薪酬设计是否有效，是否发挥出预期的激励效果，薪酬体系本身有没有存在什么问题，这些都可以从对激励的效果分析研究中找到答案，并根据激励效果的分析结果进一步优化和完善精准薪酬的设计。

## 一、薪酬结构完整性分析

经过针对不同业务领域、不同价值类型的分析，采取有针对性的薪酬激励，企业可以审视，是否形成了全面的薪酬构成、多样的薪酬组合及因地制宜的薪酬体系，如图7-1所示：

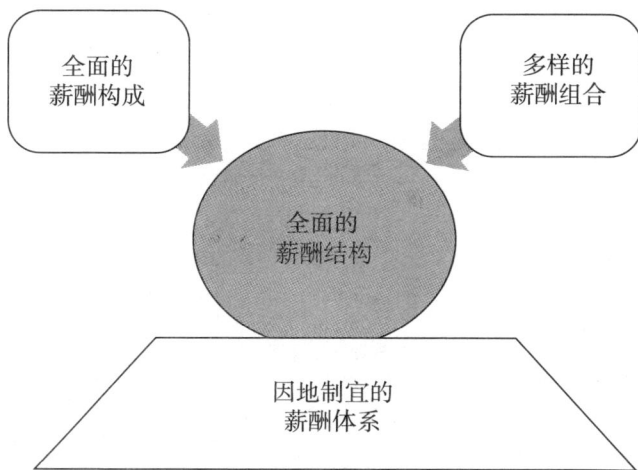

图 7-1　全面的薪酬结构

广义的薪酬包括经济性和非经济性的项目，不同的薪酬项目，具备不同的特点，激励效果也不尽相同。企业内的不同价值类型产生于不同的业务领域，来源于不同关键活动；而不同的业务领域特点不同，所需激励的重点和策略也有所不同，当进行精准薪酬的设计和激励时，必然会采取多样的薪酬组合，并形成因地制宜的薪酬体系。

（一）全面的薪酬构成

企业中对薪酬项目的运用，一般是将各种经济型和非经济性的项目嵌入到基本工资、绩效奖金、奖励计划、长期激励、福利几大类。不同的薪酬项目计划所起到的作用各不相同，如基本工资作为员工定期而稳定的收入，主要反映职位的高低、承担责任的大小、拥有资源的控制力度等；绩效奖金用于激励员工发挥才智产出业绩；奖励计划用于有特殊经营贡献的员工；长期激励用于核心骨干人才的保留；福利主要起到保障性和差异竞争的作用等，不同薪酬项目适用于不同的业务环境。

如某 IT 行业国际大公司的全面薪酬项目中，各项目及定位如下：

（1）基本月薪：是对员工基本价值、工作表现及贡献的认同。

（2）综合补贴：对员工生活方面基本需要的现金支持。

（3）春节奖金：农历新年之前发放，使员工过一个富足的新年。

（4）休假津贴：为员工报销休假期间的费用。

（5）浮动奖金：当公司完成既定的效益目标时发出，以鼓励员工的贡献。

（6）销售奖金：销售及技术支持人员在完成销售任务后的奖励。

（7）奖励计划：员工由于努力工作或有突出贡献时的奖励。

（8）住房资助计划：公司提取一定数额资金存入员工个人账户，以资助员工购房，使员工能在尽可能短的时间内用自己的能力解决住房问题。

（9）医疗保险计划：员工医疗及年度体检的费用由公司解决。

（10）退休金计划：积极参加社会养老统筹计划，为员工提供晚年生活保障。

（11）其他保险：包括人寿保险、人身意外保险、出差意外保险等多种项目，关心员工每时每刻的安全。

（12）休假制度：鼓励员工在工作之余充分休息，在法定假日之外，还有带薪年假、探亲假、婚假、丧假等。

（13）员工俱乐部：公司为员工组织各种集体活动，以加强团队精神，提高士气，营造大家庭气氛，包括各种文娱、体育活动、大型晚会、集体旅游等。

企业可以通过查看不同人群的薪酬构成，审视企业薪酬构成的多样性，是否形成了多样的薪酬生态。人群可按不同特点进行分类，如不同业务领域（研发中心、销售部门、职能部门等）、不同职位序列（需求、设计、开发、销售等）、不同行政级别（高管、中层管理者、基层管理者、普通员工）、不同任职资格等级（初级、中级、高级）等。分析不同人群的薪酬构成，各薪酬项目的分布是否符合该类人群、该业务领域的特点，是否形成了全面的薪酬结构（见表7-1）。

表 7-1　　　　　　　　　　　薪酬项目构成检验示例表

| 薪酬项目＼业务领域 | 基本工资 | 绩效奖金 | 奖励计划 | 长期激励 | 福利 | | 其他 |
| --- | --- | --- | --- | --- | --- | --- | --- |
| | | | | | 基本福利 | 补充福利 | |
| 研发中心 | √ | √ | √ | — | √ | √ | √ |
| 市场部 | √ | √ | — | — | √ | √ | √ |
| 信息部 | √ | √ | √ | — | √ | — | — |
| …… | | | | | | | |

注："√"表示有，"—"表示无。

　　表 7-1 示例表明了不同业务领域的薪酬构成，企业可查看各业务领域的薪酬构成是否完整，该薪酬项目的特点是否符合该业务领域的需要，是否缺失某些重要的项目等，进行薪酬项目完整性和多样性的检验。如在该表中，研发中心缺少长期激励措施，对核心技术、骨干人才的长期保留不利，需重点关注并补充。

　　在此基础上，还可对人群进行进一步的细分，如在各业务领域下进一步分析不同职位序列或不同任职资格等级人群的薪酬构成，以分析该薪酬构成是否符合业务领域的需要。

　　（二）多样的薪酬组合

　　从经济性薪酬的各个项目来看，不同的薪酬项目具有不同的作用和目的，很难说哪一个单一的薪酬项目能满足企业的经营战略需要。因此，企业一般会在关注企业经营战略、核心业务领域及关键活动等前提下，综合企业核心员工群体的需求和风险偏好，对各个薪酬项目进行组合运用。一般有绩效驱动型、市场跟进型、平衡型、保障型几种类型，如图 7-2 所示：

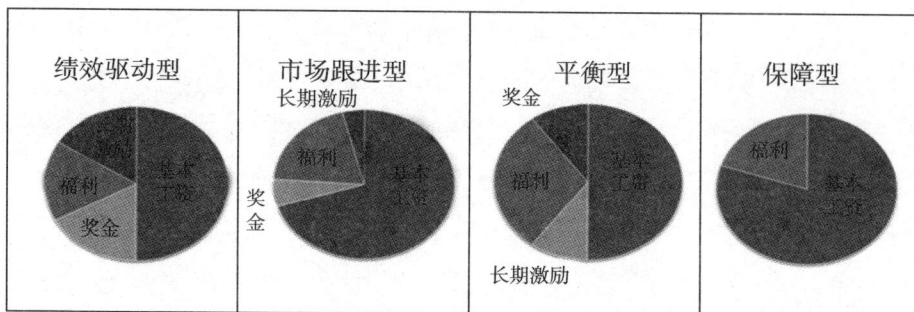

图 7-2　多样的薪酬组合

**绩效驱动型**：高绩效驱动，基本工资所占比例不高，与业绩联系紧密的奖金和长期激励所占比重较大，且一般这种情况下，除法定福利外，企业福利包金额的大小也可以与个人绩效挂钩，形成浮动福利包，以激励个人的良好绩效。绩效驱动型的薪酬组合一般应用于利润中心，或者市场快速扩张期的企业。

**市场跟进型**：与市场行情保持一致，基本工资所占比重较大，与个人绩效联系紧密的奖金和长期激励比重较小，福利也保持在适当水平，总之就是跟随市场行情和标杆企业的做法，确保一定的竞争力。市场跟进型的薪酬组合一般应用于成本中心。

**平衡型**：注重员工工作与生活的平衡，基本工资比重不高，但是福利所占比例较大，奖金和长期激励则保持在恰当的水平，这种激励与稳定、长期和短期的平衡，以给员工营造安全、稳定的环境，又确保一定的激励。平衡型薪酬组合一般应用于投资中心或成熟期经济效益良好的企业。

**保障型**：只由基本工资和福利两个项目组成，且基本工资在几种薪酬组合中所占比重最大，薪酬基本完全固定，个人所得与个人绩效之间的联系很微弱，几乎没有，容易出现"吃大锅饭"的现象。保障型的薪酬组合一般发生在企业改制以前的国企，以及处于衰退期的企业。

需注意的是，股票价值的易变性会改变总体薪酬组合。这是因为股票价值的上涨或是下跌都会带来激励对象所持的股票期权价值增加或是缩水，从而影响薪酬项目的实际结构。

不同的薪酬项目、不同的薪酬组合适应的场景及激励效果都不相同。企业在聚焦价值创造的过程中，为发挥激励效果，必然针对不同业务领域、不同关键活动、不同职位序列等人群设计不同的薪酬组合，形成因地制宜的薪酬体系。假如通过审查，或是比对行业标杆，发现自己薪酬项目有缺失、薪酬组合一枝独秀，就可以反思是不是哪个环节出了问题、哪个业务领域的激励不到位，从而完善薪酬体系。

## 二、薪酬体系公平性检验

从激励发生作用的原理可知，薪酬体系的公平性会影响员工的满足感，并进而影响员工的意愿从而对最终的价值创造造成影响，所以必须关注薪酬体系在企业内以及与外部市场相比的公平性。薪酬体系的公平性主要涉及薪资的水平、福利项目的多少及福利水平的高低等，其中关注最多的是薪资水平在企业内及与企业外相比的差异。

（一）内部公平性

内部公平性是指企业内部不同人群、不同职务序列、不同薪资等级的薪资设定，以及不同薪资范围的人群分布等状况，薪酬内部公平性体现在薪酬的等级设定、薪酬分布和薪酬内部系统等三个方面。

1. 薪酬的等级设定

薪酬的等级设定是指薪酬等级的数量，每个薪等的范围，薪等之间的差距等方面的设计。对薪酬等级设定的分析可从关键值的趋势分析和居中趋势分析展开。

（1）关键值的趋势分析，如图 7-3 所示：

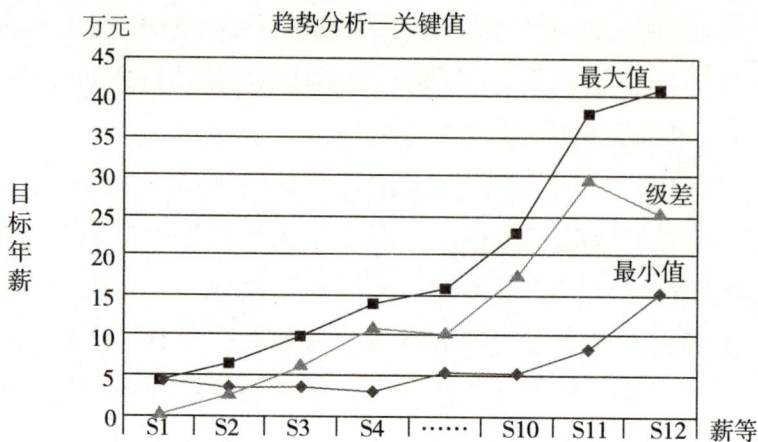

图 7-3　关键值的趋势分析图示

级差，也就是全距，是指每个薪等的最大值（最高薪酬）与最小值（最低薪酬）的差，说明薪酬两个极端标志值的差异范围，也是反映薪酬拉开幅度的一个重要指标。薪酬差距需根据行业、地区和企业实际情况确定，大的差距能拉开薪酬激励幅度，增加薪酬晋升等级，增强薪酬激励效果；但是差距过大，也会严重影响内部公平性，耗散企业向心力。在图 7-3 的图示中，可看到薪等为 S11 的级差最大，甚至超过 s12，说明已影响了薪酬内部公平性。

（2）居中趋势分析，如图 7-4 所示：

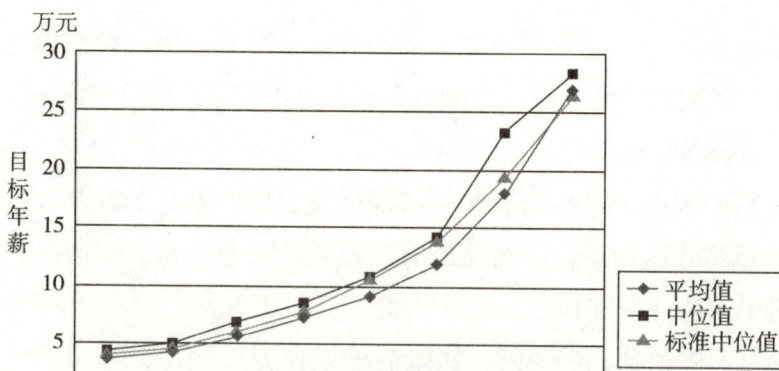

图 7-4　居中趋势分析图示

居中趋势指标反映的是数据集中程度，以及最大多数员工的薪酬水平。平均值反映了整体薪酬水平，中位数反映了50%位置处的薪酬水平。三者越拟合，分布越集中，内部差异性越小。在图7-4的图示中，可看到除薪等为S11处，其他各薪等内的相对差异性小，存在大锅饭嫌疑，薪等为S4以下表现更为明显。

**2. 薪酬分布**

薪酬分布是指薪酬在企业内的薪资均衡性、薪酬排列情况、分布频段、分布百分比几方面的状况。

（1）薪资均衡指标分析

平均值/中位值=1，说明薪酬均衡；平均值/中位值＞1，说明薪酬非均衡地集中于高端区间；平均值/中位值＜1，说明薪酬非均衡地集中于低端区间。

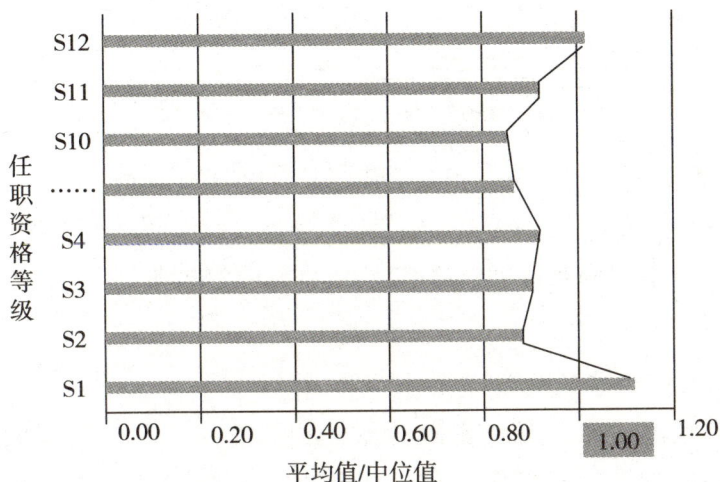

**图7-5　薪资均衡指标分析图示**

如图7-5所示，该企业各级整体薪酬水平低于相应等级的中位薪酬设置，一般原因有两个方面：一是级差范围太大，即最高薪酬远远高出一般水平，抬高了中位值；二是薪酬居于25分位以下的人员分布过多，75分位以上的占比过少，导致实际中位值大于平均值。

（2）薪酬排列分布

薪酬排列分布是将企业所有薪酬数据点从低到高排列，并以散点方式绘制出的一条曲线，由此查看企业整体薪酬的走势，以及高低差距，如图7-6所示：

（万）

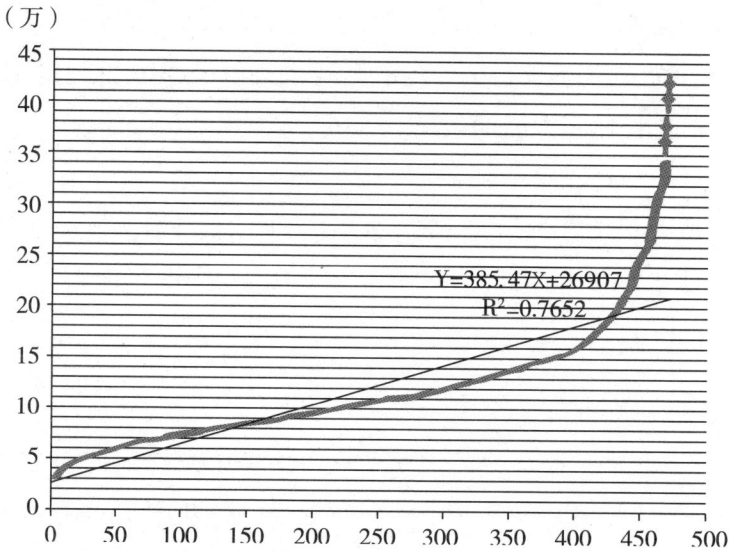

图 7-6　薪酬排列分布图示

薪酬排列分布线斜率越小，曲线越平坦，说明此处薪酬跨度小，为员工薪酬集中分布区间；斜率越大，曲线越陡峭，说明此处薪酬跨度大。

（3）薪酬频段分布线

薪酬频段分布线是由薪酬分布柱状图而来。它是在薪酬范围内按一定跨度划分若干薪酬区间，以分布在该区间的人数为数据绘制出薪酬分布柱状图。薪酬分布柱状图可以直观反映企业员工薪酬分布频段，柱状图的顶端连线可以绘制出薪酬频段分布线，如图7-7所示：

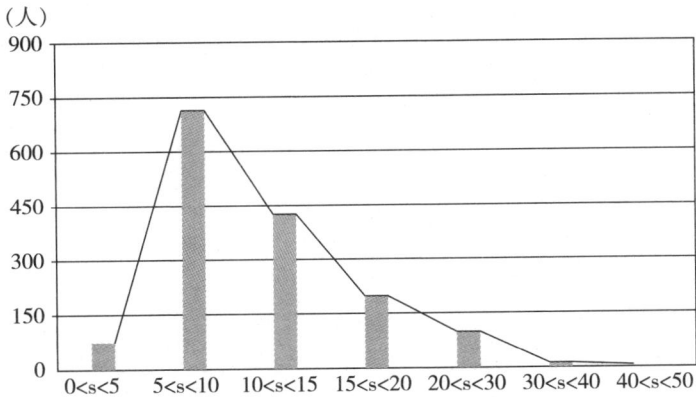

图 7-7　薪酬分布柱状图／薪酬频段分布线图示

理想状态下，薪酬频段分布线应符合正态分布。在实际薪酬分布中，一般会略呈正偏态分布，即左短右长，主体薪酬峰值集中稍向低端偏移。

（4）薪酬分布百分比饼图

薪酬分布百分比饼图是在薪酬范围内按一定跨度划分若干薪酬区间，以分布在该区间的人数占总人数的百分比为数据绘制出薪酬分布百分比饼图。薪酬分布百分比饼图可以直观反映企业薪酬在各个区间分布的比重，如图 7-8 所示：

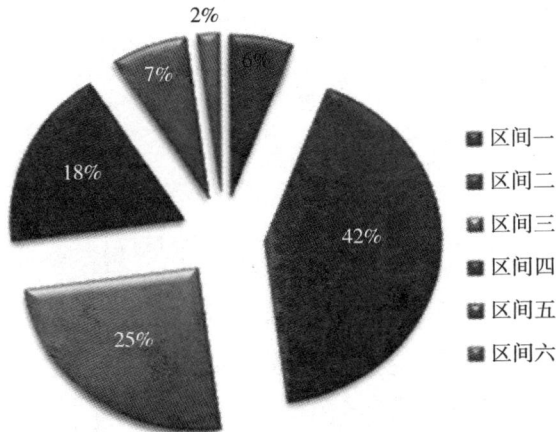

图 7-8　薪酬分布百分比饼图图示

判断薪酬分布百分比饼图是否合理，第一看区间是否多样化，如果强势集中在少数区域，则说明该薪酬体系存在平均化趋势，未有效拉开薪酬差距，激励效果不显著；第二看从第一象限开始顺时针到第四象限，比重是否存在"少—多—少"的分布规律，合理化的薪酬分布应是主体突出，区间分布多样合理。

### 3. 薪酬内部系统分析

薪酬内部系统分析是指薪酬内部不同职位序列、不同学历、不同司龄等不同人群特点的薪酬特点分析。

（1）薪酬内部系统特点对比

薪酬内部系统特点对比是从整体上分析企业内不同职位序列人的人员及薪资特点，分析不同业务系统人员的价值创造性及市场稀缺性是否与薪酬水平定位相匹配，以及薪资水平的离散程度、固浮比是否与业务发展保持一致等，如表7-2所示：

表 7-2　　　　　　　　薪酬内部系统特点对比示例表

| 项　目 | 人　数 | 人才要求 | 人才可替代性 | 薪酬水平 | 离散程度 | 浮动奖金占比 |
|---|---|---|---|---|---|---|
| 职能系统 | 少 | 中 | 中高 | 中 | 低 | 低 |
| 研发系统 | 中 | 高 | 低 | 高 | 中 | 中 |
| 生产系统 | 多 | 低 | 高 | 中低 | 低 | 高 |
| 销售系统 | 多 | 中低 | 中 | 中高 | 高 | 高 |
| 后勤系统 | 少 | 低 | 高 | 低 | 低 | 低 |

从表7-2中可看出，该公司研发系统、销售系统为业务发展的核心力量，人才可替代性低于其他职能、辅助人员；从薪酬水平定位看，与其高价值创造性及高市场稀缺性保持一致。从离散程度、浮动奖金占比来看，各系统的分布情况与业务发展保持一致。

（2）人均薪资排名

人均薪资排名指以企业内各组织为单位，计算各组织所有人员的人均薪资后，按人均薪资的高低的组织排名表，如图7-9所示。

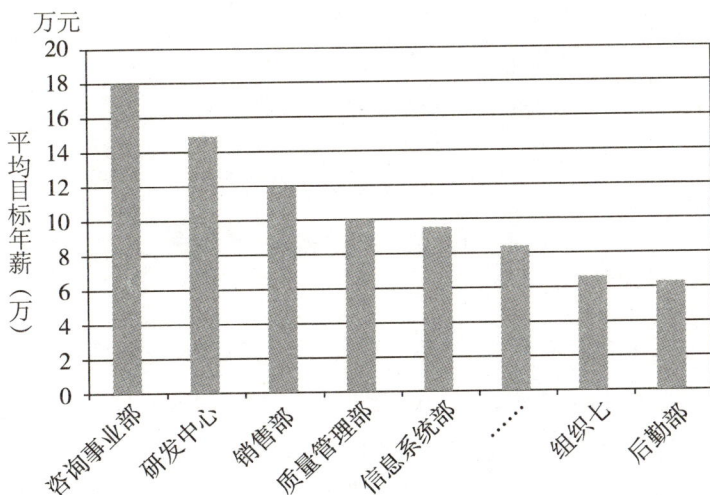

**图7-9　人均薪资排名图示**

从人均薪资排名可检验薪资水平设定与企业核心业务是否保持一致。如图7-9所示，咨询事业部的人均目标年薪最高，企业就需反思咨询事业部给企业的价值创造是否与之相匹配，排名最靠后的组织是否由于其价值创造和人才稀缺性一致。

与此相类似的还有组织薪资总额排名，查看企业薪资在不同组织的流向倾向；核心职位的平均薪资、中位值查看，检验薪资在企业核心职位中的设置。从而企业可以从不同角度来检验不同组织不同职位的薪资差异和公平性。

（3）资历薪资水平分析

企业内资历的薪资水平主要是分析不同司龄人员的平均薪资水平，如图7-10所示：

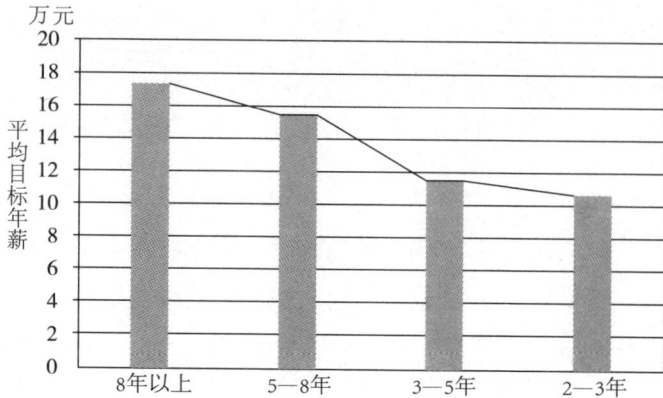

**图 7-10　资历薪资水平分析图示**

从图 7-10 可以看出，薪资水平与资历呈正相关关系，主要在于资历越老，员工占据核心职位的可能性越大，8 年以上老员工表现最为明显。5 年以下薪酬与资历的关联度减弱，有可能与公司大胆启用外部人员的举措有关。企业需思考是否设有合适的持续赋能机制及人才退出机制，以盘活核心队伍。

（4）学历薪资水平分析

学历薪资水平是分析企业不同学历人员的薪资差异，如图 7-11 所示：

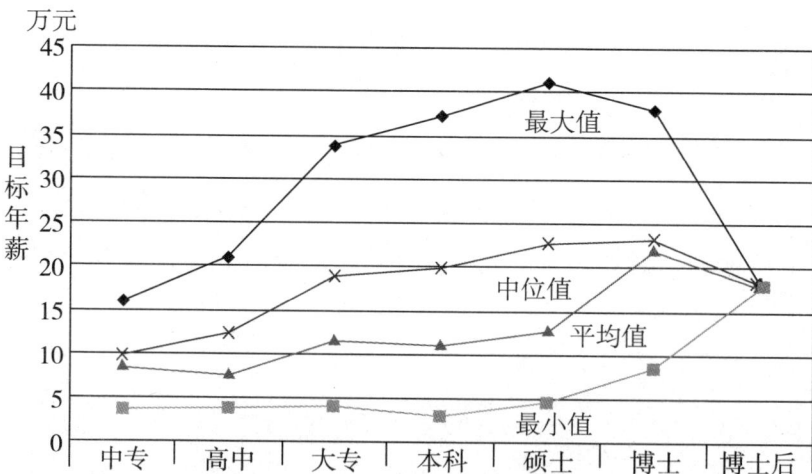

**图 7-11　学历薪资水平分析图示**

从图7-11可以看出，学历薪资与学历等级呈正相关关系，且硕士的薪资级差最大。平均值普遍低于中位值，说明各学历等级薪资呈偏右类正态分布。

（二）外部公平性

外部公平性是将企业薪资与外部市场进行相比，分析企业内薪资的竞争性，如果差距过大不公平，会对人才的流动造成影响。外部数据的参照维度有宏观经济环境、整体薪资水平、社平工资、调薪设置、毕业生起薪、薪酬结构，以及其他需要的商业薪酬调查数据分析。

**1.宏观经济环境**

如国内生产总值（Gross Domestic Product，简称GDP）的增速，查看企业薪酬投入的增长是否与经济增长速度一致。

当地住宅成交价格走势。国际合理的房价收入比（购房总价/家庭年收入）比较通行的说法认为，房价收入比在3~6倍为合理区间，如考虑住房贷款因素，住房消费占居民收入的比重应低于30%。企业应考虑员工的生存压力，收入增长与房价的涨幅应保持同步。

**2.整体薪资水平比较**

整体薪资水平是分别将企业薪资的最高值、最低值、中位值、平均值与市场上的相应薪资水平进行比较，参照标杆可以是同行业、同地区企业、所有大型企业等。

（1）社会平均工资

社会平均工资由省市统计局根据全市企业职工实际工资总额统计公布，它是控制职工缴费工资基数和计算缴费水平及退休待遇的依据。社会平均工资也可用于企业整体平均薪酬水平的比对，查看企业整体平均薪酬水平与社会平均工资的比例关系，增长关系等。

（2）调薪设置

调薪设置是将企业的调薪幅度、调薪频次、调薪决策等分别与市场上调薪幅度、调薪频次、挑衅决策等进行对比分析，查看企业的调薪管理状况。在不同调薪维度的对比分析中，还可以选定特定行业或特定地区的调薪设置进行对比。可借此来管理企业员工的调薪预期，以及调整调薪策略，如图 7-12 所示：

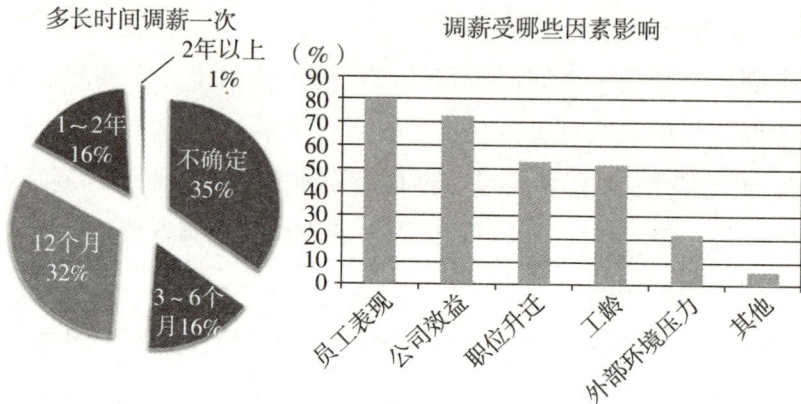

图 7-12　薪酬调整外部竞争性分析图示

在图 7-12 中，可看到近 1/3 的企业一年调薪一次，约 1/3 的企业调整频率不确定。调薪影响因素主要为员工的表现及公司效益，此外还受晋升、工龄、外部压力的影响。

同时还可以根据政府提供的工资指导线来指导企业的薪酬增长。

### 3. 毕业生起薪

很多企业都很重视应届毕业生的招聘，由于其可塑性及工作热情与激情，企业往往将毕业生作为自己的纯正人才定向塑造和培养，而毕业生的起薪就成为企业人才争夺战的重要筹码。

通过与市场上不同职类、不同学历毕业生的起薪进行比较，企业可明确自身在毕业生抢夺战中的竞争力。

### 4. 福利水平

福利水平主要包括津贴项目和礼金资助项目的比较。通过与市场上最常用的津贴项目相比，如用餐补贴、通信补贴、交通补贴、住房补贴等，查看企业内的津贴项目的完整性，是否涵盖市面上常用的关键福利；通过与市面上最常用的礼金及资助项目相比，如节假日礼金、带薪病假、补充医疗、生日礼金等，查看企业礼金资助项目的完整性。

### 5.商业薪酬调查数据

除上述可从劳动局、统计局、第三方获取的外部数据外，企业还可以从专业的商业调查公司购买薪酬调查数据，或根据自己的需要向商业调查公司定制自己需要的地区、行业、职位的薪酬数据，以更有针对性地进行对比分析。

## 三、薪酬激励效果验证

基于企业价值建立的薪酬体系是否真正发挥了预期的激励效果，薪酬体系是否有效，这可以从薪酬的激励效果分析中找到答案。

薪酬激励的效果可从四个层次体现，首先是员工的直接感受，然后可考察一段时间内的士气提升，其次反馈在员工的个人绩效及企业的业绩表现上，最终可以评估薪酬激励的投入产出比，如图7-13所示：

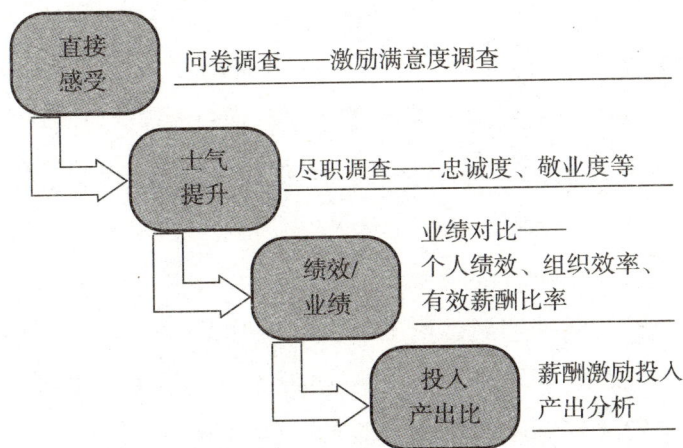

**图7-13　激励效果分析**

（一）直接感受

第一层效果体现在各种激励措施实施后员工的直接感受，如是否满意，是否达到预期，是否有激励作用等等。这可以通过问卷调查来实现，但一般最好与薪酬激励措施实施前的现状调研分析一起进行对比，分析激励前后员工直观感受的变化。

对直观感受的分析调研可从员工的基本信息（如司龄、职位）、对现有激励手段的看法（如是否满意、是否有效、是否公平、是否能替代）、期望带来的改变（如需增加什么、调整什么、其他建议）几方面入手，既了解不同人群的需求偏好，又明确薪酬激励的改进方向。

（二）士气提升

激励正是通过满足感来激发人才从事价值创造活动的意愿，也就是人才的主动性、积极性、忠诚度、敬业度等，并最终影响企业的文化氛围及员工士气。士气是否有提升，即激励的第二层效果如何，这需要一个过程才能体现。因为激励对象需要确切与真实地感受到了激励带来的满足，或是这个满足感具备极大的确定性、员工相信肯定会发生，然后才逐渐影响自己的行动。薪酬激励的第二层效果可以通过企业的尽职调研结果来分析。

由于需一定的时间跨度，对士气提升方面的效用分析一般会在激励实施半年或一年后，通过企业员工尽职调研，从员工满意度、精神面貌、员工感知的薪酬制度操作透明度、自己努力与所获报酬的对等评价、对公平性的总体心里评价、工作挑战、创新性等方面来对比分析。

（三）员工绩效、企业业绩

经过一段时间的实施，员工的直观感受及士气最终会反映到价值创造活动的结果上，即激励的第三层效果，通过对这些指标的分析，企业能够了解薪酬激励所带来的收益。它包括个人层面和组织层面的结果。

1. 个人层面

个人层面的激励效果主要体现在员工的流动性和个人绩效的改变上。员工的流动性如离职率、新进率等，表明薪酬体系对人才的吸引和保留效果；个人绩效的改变则最直观的有业绩是否有提升，效率是否提高，并可追踪考察其在实现个人绩效的过程中的团队协作性、客户满意度等，体现薪酬激励对个人行为及结果带来的改观。

### 2. 组织层面

组织层面的业绩则是经营成果方面的体现，包括效果类和效率类。效果类如营业收入、利润、收款、市场占有率、客户满意度等的变化；效率类如人均收款、人均利润、生产率、薪酬成本含量、有效薪酬比率等的改进。

第三层次的效果可以通过绩效考核结果来分析。

### （四）投入产出比

从企业角度讲，对薪酬激励效果的关注不能仅停留在产出的增长上，必须将投入产出放在一起进行分析，也就是薪酬激励的第四层效果，才能真正体现薪酬激励的最终成效。

在计算薪酬激励的投入产出比前，首先要明确衡量周期，即哪个时间段的薪酬激励，然后界定该时期内的投入和产出，并计算投入产出比。

### 1. 周期

薪酬激励的业绩产出需要一定的时间，所以薪酬激励的投入产出比衡量最好是一年或更长的时间。

### 2. 投入

在某个周期内，企业新增的薪酬投入是增量投入，按原有薪酬标准的持续投入是原有投入，增量投入加上原有投入就是这个周期的薪酬总投入。

### 3. 产出

在这个周期结束后的时点计算得出的企业价值，如收入，就是这个周期的总产出；为了得到这个周期内增量薪酬投入带来的产出，也就是企业增量产出，可以用到简易经验型的方法，如将总产出减去上一个周期的总产出，或是减去上几个周期的平均总产出来得到这个周期的增量产出。

### 4. 投入产出比

既可考查薪酬投入总量的投入产出比，也可以考察薪酬投入增量的投入产出比，公式如下：

$$总量投入产出比＝薪酬总投入 / 企业总产出$$
$$增量投入产出比＝薪酬增量投入 / 企业增量产出$$

在计算中，不管是总量投入产出比还是增量投入产出比，一般会换算成"1 : N"的形式，表明单位投入得到的产出，N 值越大，表明薪酬激励的效果也就越好。

### 5. U 型薪酬激励效果

理想的薪酬激励效果应该是"U"型的，即"二高一低"，高人均薪酬，低人工成本含量，高薪酬投入产出，如图 7-14 所示：

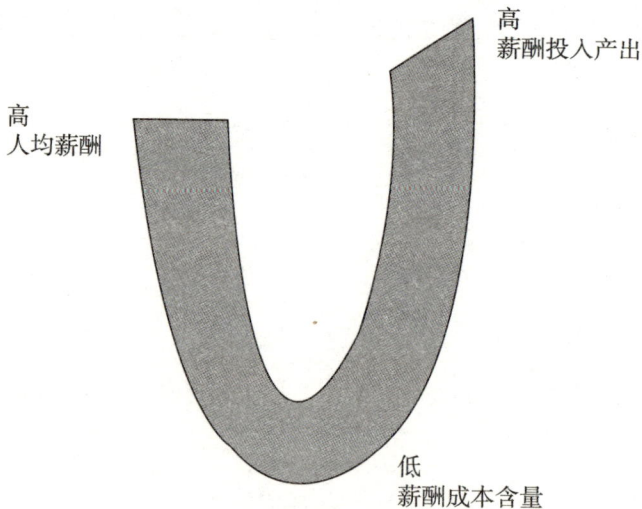

图 7-14 U 型的薪酬激励效果

**高人均薪酬**：人均薪酬 = 薪酬总额 / 企业人数。高人均薪酬说明企业人均薪酬水平高，具有市场竞争力、员工福利待遇水平高。

**低薪酬成本含量**：薪酬成本含量 =（薪酬投入总额 / 企业总成

本）× 100%。低薪酬成本含量说明企业总成本中薪酬投入所占的比重低，即劳动效率提高。

高薪酬投入产出：单位薪酬投入产出值即上文提到的"1：N"中的 N 值。高薪酬投入产出也就是 N 值高，表明单位薪酬投入带来的产出增加值多，薪酬投入有效，达到薪酬激励的良性循环；若 N 值太低，表明人均产出系数低，人员效能未能充分开发，薪酬激励效果有限。

综上，通过直接感受、士气提升、绩效/业绩、投入产出比的逐层分析，可获得企业薪酬激励体系的效果检验，从而全面复盘、进一步优化和提升原有的薪酬体系。

## 本章小结

薪酬体系的内容分析可从薪酬结构上出发，查看企业基于价值分析及激励策略形成的薪酬体系，是否既包括长期激励和短期激励，又有物质激励和精神激励，并基于不同业务特点形成了多样的薪酬组合，从内容和形式上提供优化思路。

薪酬的公平性会影响员工的满意度，并进而影响价值创造活动的意愿。所以必须关注企业薪酬的内部公平和外部公平。内部公平性可以从薪资等级、薪酬分布和薪酬内部系统的薪资设定去考察，外部公平性可将企业整体薪资与宏观经济环境、市场水平、社平工资、调薪、毕业生起薪、薪酬结构等进行比较，也可以购买或定制定向的商业薪酬调查数据进行对比分析。

薪酬激励的效果体现在四个层面，首先是员工的直接感受，然后可考察一段时间内的士气提升，其次反馈在员工的个人绩效及企业的业绩表现上，最终可以评估薪酬激励的投入产出比，表明一单位的薪酬投入带来了多少企业价值产出，从多维度检验薪酬体系的激励效果。理想的薪酬激励效果应该是"U"型的，即"二高一低"，高人均薪酬，低人工成本含量，高薪酬投入产出。

# 第四部分　穿越时空的体验

传统的薪酬管理困局重重，在移动互联网时代薪酬管理信息系统会绽放什么新的火花，基于企业价值分析的薪酬体系又会给企业带来什么新的业务体验，如下图所示。

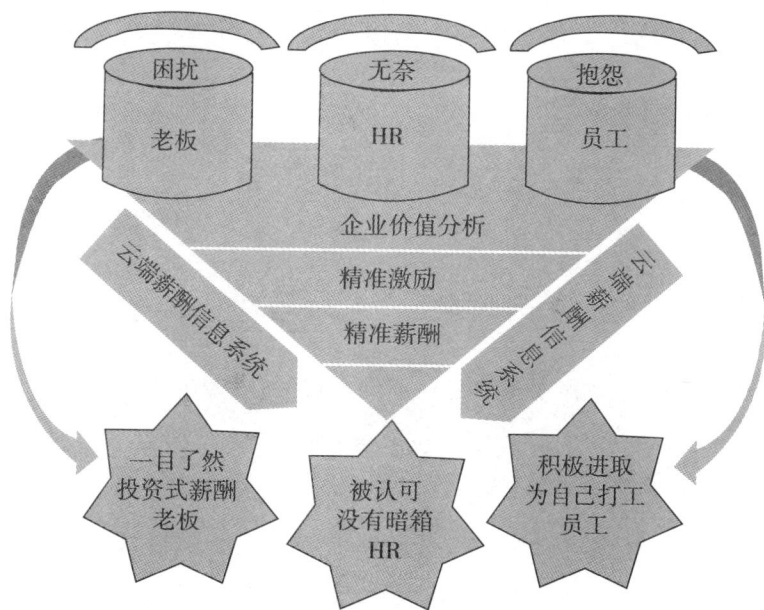

**穿越时空的体验图**

在传统薪酬体制下，很多企业一谈到加薪，马上觉得这会增加成本，挤压利润，却没有意识到理才的重要性，也忽视了对人才资本投资带来的巨大回报；员工抱怨企业太小气，薪资标准低、调薪少也不透明；HR 则作为夹心层被挤在企业和员工之间，很无奈。

云端的薪酬信息系统打破了传统 ERP 中薪酬信息系统的架构，基于移动互联，充分运用大数据的分析决策功能，给企业提供业务向导，并能给用户带来视觉和用户体验的享受，同时确保数据的私密与安全。

在精准薪酬的实施下，基于企业价值分析，分析价值的来源，探索不同业务领域的价值特点及关键活动特点，为企业有效价值、机会价值的持续、高效增加，及无效价值的减少，实施精准激励策略，设计精准薪酬，并在云端薪酬信息系统的平台下，实现薪酬激励的便捷、高效投递。故薪酬不再是成本，而是投资式薪酬，老板对薪酬的投入产出一目了然；HR 打造没有暗箱的回报，薪酬管理工作过程和结果得到公司和员工的认可，专业度也被认可；企业与员工利益一致，员工自主选择并执行工作项，薪酬的多少由自己说了算，积极进取为自己打工。

# 第八章  互联的薪酬信息系统

传统的 E-HR 以互联网或企业局域网为平台，以数据库技术为核心，以人力资源管理软件为手段，其功能基本囊括了人力资源管理工作的核心内容，如员工招聘、考勤、薪酬管理、绩效管理、员工培训等。这帮助企业极大地提高了工作效率，使人力资源工作者从繁杂重复的事务性工作中解脱出来，有利于减少用人规模，减少人工成本投入。然而在使用的过程中，传统的信息系统仍然存在很多问题，薪酬管理信息系统也未能幸免。

当地铁上、候机室、饭桌上人人埋头于手机时，当边远山区的老父亲打来电话让帮忙参与"双十一"抢购时，移动互联已经悄悄开启了一个新的时代，并逐步渗透到广大用户衣食住行的每一个角落。同样，移动互联在人力资源管理领域的应用也已经热火朝天，传统的软件商纷纷推陈出新，适时而上推出了自己的移动端服务。作为传统 E-HR 的重要模块，薪酬管理信息系统也开始抢眼亮相于各大移动互联市场。然而，是旧瓶装新酒还是彻底的改头换面，移动互联领域的薪酬管理需要擦亮眼睛。

## 一、传统的薪酬信息系统

在薪酬事务处理工作中，至少每月例行一次的的薪资核算和薪资发放涉及大量的数据处理，业务量很大，如果仅由人工处理不仅费时费力，还容易出差错。薪酬管理信息系统不仅可以减少人为干预因素，降低参与者的基础工作量，同时还能对日常薪酬管理中的大量信息进行存储、分析形成信息库，为高层决策提供辅助。所以薪酬管理信息化是很多企业的选择。

薪酬管理信息系统作为传统 ERP 的重要模块，已经走过了由最开始的简单薪资核算到能提供基础报表的历程，在这个过程中，虽然极大地解放了薪酬专员的工作，提高了效率，但传统的薪酬管理信息系统仍存在功能单一、易用性差、彼此割裂、内容复杂等方面的问题，如图 8-1 所示：

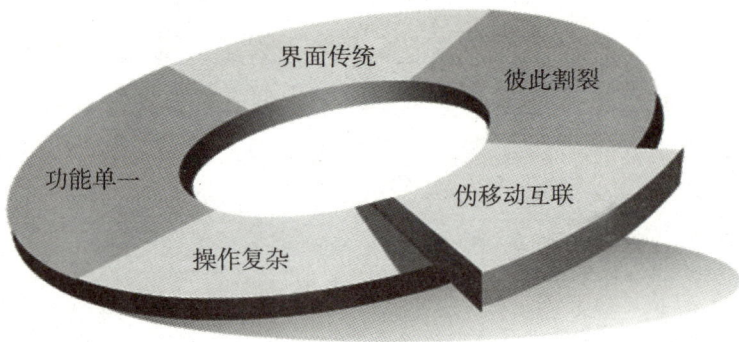

图 8-1　传统的薪酬信息系统

### （一）功能单一，业务不完整

出于解放大量的手工劳作、提高准确率需要，薪酬信息化最开始来源于薪资核算和薪资发放的信息化需求，也确实在这方面发挥了重要功效。然而，随着薪酬管理业务的深入推进，简单的核算、基本的台账报表已经不能满足相对成熟的薪酬管理业务需求。一些深层次、与企业战略相关的重要业务，如薪酬体系设计、薪酬管理决策报表分析、人工预算成本监控等，在传统的薪酬信息系统中鲜有出现。所以传统的薪酬信息系统业务本身并不完整，功能较单一，缺乏现代人力资源管理的管理理念。

（二）界面不友好，易用性差

对于薪酬管理这一具体的人力资源模块，界面仍然是传统的数据堆砌，缺乏直观的图表；功能按钮较多，但是没有呈现出业务逻辑。企业必须配备专业人员投入一定时间，并需软件提供方实施人员的专业培训方能独自操作。表8-1为常见的传统 E-HR 中的薪酬界面，由此表可知，它似乎想表达很多内容，但又似乎不知如何下手，界面不友好，易用性较差。

**表 8-1**　　　　　　　　　　　　　　**传统 E-HR 的薪酬界面**

| | 已关闭 | 编码 | 名称 | 计薪起始日期 | 计薪结束日期 | 会计期间 | 开始日期 | 结束日期 | 集团薪资期间 | 开始日期 | 结束日期 |
|---|---|---|---|---|---|---|---|---|---|---|---|
| 1 | ☐ | 200801 | 200801 | 2008-01-01 | 2008-01-31 | | | | | | |
| 2 | ☐ | 200802 | 200802 | 2008-02-01 | 2008-02-29 | | | | | | |
| 3 | ☐ | 200803 | 200803 | 2008-03-01 | 2008-03-31 | | | | | | |
| 4 | ☐ | 200804 | 200804 | 2008-04-01 | 2008-04-30 | | | | | | |
| 5 | ☐ | 200805 | 200805 | 2008-05-01 | 2008-05-31 | | | | | | |

（三）不具备开放性，彼此割裂

传统的信息系统主要以职能为导向，按人力资源管理的不同模块搭建，如基础人事、招聘、培训、绩效、薪酬等。但是由于受到理念、技术、平台等方面的限制，各个模块之间并没有形成有效对接，彼此的数据接口不具备开放性，最终导致彼此割裂、各自为政。这也进一步加剧了企业人力资源管理各模块实际业务的彼此脱节，薪酬业务处理没有与绩效考核有效对接，也滞后于企业人工成本发展战略的制定，形成了薪酬信息孤岛。

（四）专业晦涩，操作复杂

当进入传统的薪酬管理信息系统，庞大的菜单和项目让人应接不暇，很容易让人产生眼前一亮的错觉，误以为进入了大观园，可以一站式解决薪酬管理信息化的需要。细细研究却发现存在很多问题：

一是菜单很多，业务逻辑却不清晰，功能缺乏导向性设计。

二是项目很多，涉及用户的基础设置也更多，导致软件安装不难，使用较难，初始化却是最难，必须投入大量的时间摸索。

三是功能名称很高大上，却只是披上的美好外衣。传统的薪酬信息系统不能获取互联的数据，所需的信息都需提前线下做好准备，呈现的只是类似 excel 的计算功能。专业、高端的名字反而成为用户理解软件真实功能的障碍。

（五）伪移动互联

移动互联时代的来临，传统软件商也不甘示弱，纷纷推出自己的新产品。然而这类软件厂商基本囿于固有的产品和客户，只是将软件部分功能移植到手机端，将移动应用作为软件销售的卖点，实际上并没有真正从移动互联的角度进行产品重构和业务规划。它能在移动端上实现部分业务，但只是简单的业务处理，且界面和流程等都似曾相似，各模块之间仍然彼此隔离不能实现数据共享，实际上只是旧瓶装新酒，硬盖上新概念的伪移动互联。

## 二、云端的薪酬信息系统

什么是云端化？简而言之，就是无硬件、无安装、无实施、无维护，通过云端提供人力资源管理服务，是云 –HR。云 –HR 大部分功能都完全免费，基本能满足用户人力资源所有的日常应用。在提供云产品免费服务的同时，云服务模式还会根据用户的个性化需求提供云咨询及其他增值服务。

云端的薪酬信息系统植根于云计算和大数据，具备以下几个特点，如图 8–2 所示：

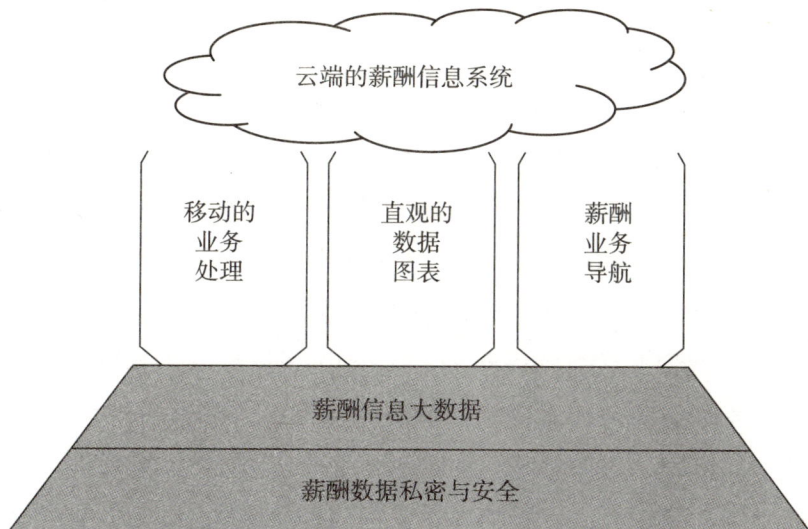

图 8-2　云端的薪酬信息系统

（一）移动的业务处理

移动互联时代已经悄然来临，不仅出差的商务人士和企业管理者能享受到移动办公的便捷，实现随时、随地的业务处理；移动互联也让广大用户能够通过移动端利用各种空隙时间，实现碎片化办公。薪酬管理业务也逐渐被搬到移动互联的舞台，并在移动的业务处理中呈现出以下两个特点：

**1.结合云端的随需取用，能够实现随时、随地的业务处理**

云端的薪酬信息系统通过云端提供产品服务，用户可以结合企业的实际需求按需取用相关的业务或功能产品。同时，在移动互联的背景下，用户只需接入网络，手中的手机或 pad 等移动端即具备了和计算机一样的功能，从而摆脱必须在固定场所、固定设备上进行办公的限制，也摆脱了固定的坐班工作时间的限制，为企业管理者和商务人士提供了极大的便利。

移动的业务处理不仅使得薪酬管理变得随心、轻松，而且借助移动联网的便利性，使得用户无论身处何种紧急情况下，都能高效迅捷地开展工作，对于突发性事件的处理、应急性事件的部署有极为重要的意义。

### 2. 遵循"less is more"原则

Less is more，这是著名的建筑师米斯·凡德洛说过的一句话，意思是"少即是多"。这是一种提倡简单，反对过度装饰的设计理念，与某产品的广告语"简约而不简单"有异曲同工之妙。less is more 在薪酬信息化产品中，既体现在移动的界面设计上，也体现在业务本身的设计上：

首先，移动的薪酬业务处理的界面必须是简洁和美观的。如著名图形设计师保罗·兰德（Paul Rand）所说："设计绝不是简单的拼合，排列甚至编辑；设计是通过阐明，简化、明确、修饰，使之庄严，有说服性，甚至带一点趣味性，来赋予其价值及意义。"移动端由于屏幕大小的限制，薪酬界面更必须遵守这个原则，紧扣主题，清晰、准确、精炼地传达业务操作及功能。

然后，薪酬管理业务本身的设计也必须是简洁和顺畅的，这体现在薪酬业务功能、流程和内部逻辑上。互联网产品不追求大而全，而是专心致志的致力于解决某个小问题，并将它做到极致，并在此基础上快速地迭代、升级和更新。

附一

## 移动的业务处理图示

### 1. 调薪单的确认

当个人因为转正、绩效改进、技能提升等带来薪酬调整时，企业结合员工的绩效、薪资水平及潜质等综合考虑，确定员工薪资各项目的增长水平。在与员工进行调薪沟通前，薪酬系统可触发调薪通知，告知员工具体调薪内容及幅度。员工在移动端即可收到消息提醒，通过点击消息进去可清楚查看本人的薪资项目构成、金额、生效时间等信息（见附图 8-1-1）。

附图 8-1-1　个人调薪单

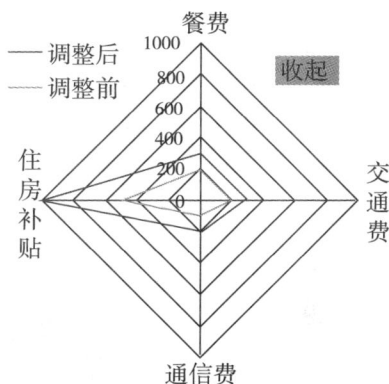

附图 8-1-2　个人补贴调整明细

在个人调薪单中，当想查看补贴的明细时，可通过点击旁边的按钮"补贴明细"，展开了补贴的项目构成及调整前后的金额（见附图8-1-2）。

员工还可以在调薪单上反馈自己的意见，如有意见或疑义，可点击按钮"我有疑议"进行反馈，如认可这个调整内容及金额，就可开心地点击"谢主隆恩"了。这样在获得员工的初步意见后，HR可安排调薪的纸质面签。

### 2. 个人薪资查看

个人还可以通过移动端随时、随地查看自己的工资明细（见附图8-1-3）。

附图 8-1-3　个人薪资查看

左边是时间轴，可以上下滑动切换时间，右边是与时间想对应的当月工资构成及总额。当鼠标移入薪酬项目构成图时，上面会悬浮出现各项目的具体数额，鼠标移出图片范围时数额则不显示出来。当员工对某月的薪资数额有意见的时候，可选中该行记录，如员工若对7月工资有异议，则可选中7月份的薪资记录，该行数据即呈现底色表明被选中，然后点击"我要申诉"即可进行意见反馈。

（二）直观的数据图表

在制作PPT时，很多人都知道这样一条原则：能用表的就不用文字，能用图的就不用表，一图胜千言。其实图表已经广泛应用于研究工作、论文、文案策划等凡是涉及分析及构思的层面，它集中和概括，便于分析和比较，有利于发现各种变量之间的关系；它生动、形象，能使复杂和抽象的问题变得直观、清晰；它简洁、明了，用在论文中，可以代替大量的复杂的文字说明；它能够将思考的过程视觉化，有利于把握全局。

传统的薪酬信息系统中的数据基本只有台账，是对数据的简单堆砌和基础分析，缺乏深度，也不够直观。云端的薪酬系统始终以用户为中心，注重用户体验，在数据方面运用直观的图表深度阐述薪酬管理的现状，并能与其他模块无缝对接、实时穿透，有利于全方位剖析企业薪酬管理存在的问题。

云端的薪酬信息系统在数据图表方面最主要的特点有两个：

**1. 准确、简明、美观**

云端的薪酬信息系通过准确、简明、美观的图表，力求精准传达信息，让读者一目了然。直观的数据图表不仅可用于企业大量的、复杂的薪酬数据报表分析中，简单的个人薪资信息也可以通过简明、有趣的图表来表达，如上文提到的移动端个人调薪单确认及个人薪资查看。

**2. 数据彼此穿透，图表轻松自如切换**

云端的薪酬信息系统也是互联的信息系统。云 -HR 不仅每个模块内部是彼此相通的，每个模块之间也是互通有无、数据共享的，如调薪时可调用绩效和培训的数据，结合员工在薪酬中的位置，为调薪决策提供参考；当查看薪酬信息的某个图表时，选中某类数据，可深入追踪查看该类数据的其他信息，如某类人群的绩效分布、职位分布等，并生成相关图表，实现轻松自如切换。

附二

## 直观的数据图表图示

### 1. 职位薪资结构分析

职位薪资结构图是分析企业薪酬内部公平性的一项重要内容。企业可以按不同维度和类别选取关键职位，如按行政级别选取总经理、部门经理、项目经理、普通员工，分析这几类人群的薪资结构分布（见附图 8-2-1）。

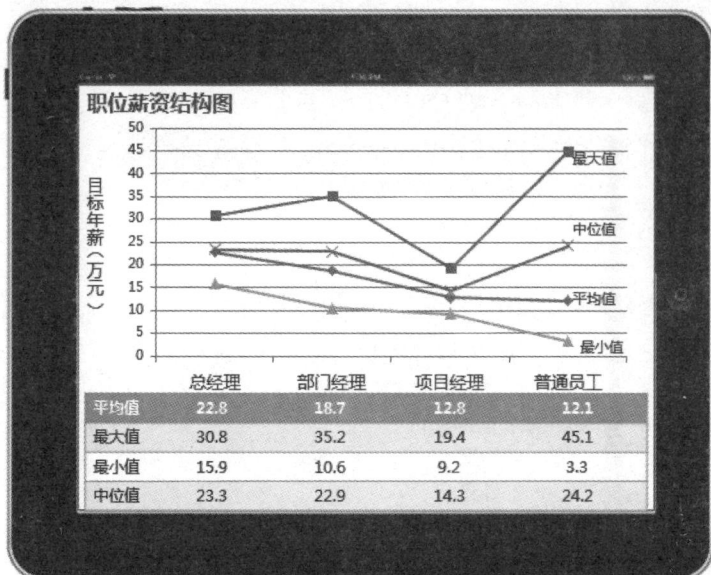

附图 8-2-1　职位薪资结构图

| | 总经理 | 部门经理 | 项目经理 | 普通员工 |
|---|---|---|---|---|
| 平均值 | 22.8 | 18.7 | 12.8 | 12.1 |
| 最大值 | 30.8 | 35.2 | 19.4 | 45.1 |
| 最小值 | 15.9 | 10.6 | 9.2 | 3.3 |
| 中位值 | 23.3 | 22.9 | 14.3 | 24.2 |

在附图 8-2-1 中图和表的完美结合，清晰地表明了这四类职位人群的最高薪资、最低薪资、中位值及平均值。最大值和最小值两根曲线之间的距离表明了企业的总体薪资差距及不同职位之间薪资的差异；中位值和平均值的关系则表明大部分人的薪资范围，如中位值线在平均值线上，表明该类职位上大部分人位于平均值的高位，也就是有少部分人的薪资水平太低。

当想查看某类职位人员的其他信息时，如选中"项目经理"，旁边悬浮出现可选项（见附图 8-2-2），可查看所有项目经理的类似职等、组织分布、绩效信息等其他信息。

查看职等分布
查看组织分布
查看绩效信息

附图 8-2-2　悬浮可选项

若选中绩效信息，则可查看到项目经理人群的绩效分布（见附图8-2-3）。

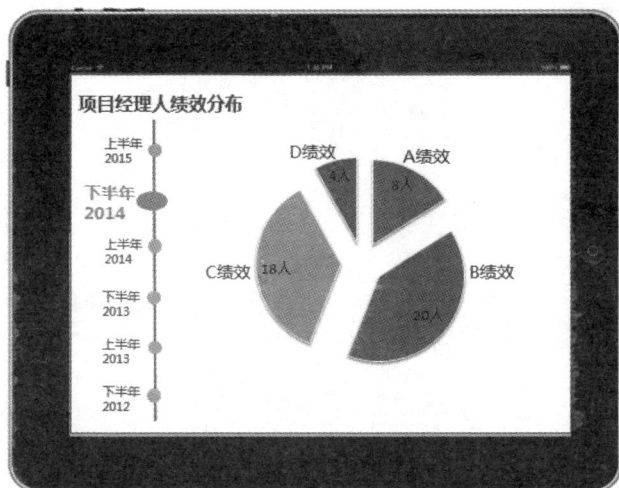

附图 8-2-3　项目经理人绩效分布图

可通过左边的时间轴滑动选取不同的绩效考核周期，右边饼状图显示相应周期项目经理的考核结果分布图。当然，当选中某块"饼"时，例如，A绩效时，云端的薪酬信息系统也会提供这8人的其他信息供选择查看，如部门、任职资格等级、司龄等。也就是说，在云端的薪酬信息系统中，图表中的每个数据都是活的，都可链接至其他关联信息，打通至云-HR的每一个角落，形成互联互通的系统。

**2. 企业薪酬分布百分比饼图**

薪酬分布百分比能反映企业薪酬体系的内部公平性。企业选定薪酬区间划分规则后，系统自动生成各区间分布人数占总人数的百分比饼图（见附图8-2-4）。

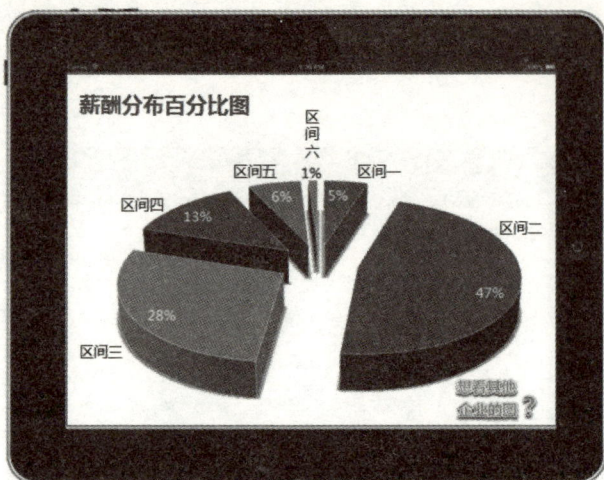

图 8-2-4　企业薪酬分布百分比饼图

从薪酬分布百分比饼图可以直观看出企业薪酬体系是否多样化，是否集中在少数区域，反映内部公平性及激励力度。合理化的薪酬分布应该是主体突出，区间分布多样化。当想查看行业薪酬分布百分比进行比较时，可通过"想看其他企业的图"来实现。

（三）薪酬业务导航

云 -HR 的基本功能一般都免费，所以它必须是好用的，否则舍弃成本很低，使用过程中一旦不解或受阻，用户直接用脚投票。云端的薪酬信息系统能将用户留住的另一个秘诀就是它能够做到业务导航，就像身边随时有一位薪酬管理的资深专家，为企业的薪酬体系建设和优化及时预警并指明道路。薪酬的业务导航体现在两个方面，既有内容上的导航又有形式上的导航。

1. 内容上的薪酬业务导航

内容上的薪酬业务导航是指系统能从薪酬管理业务本身提供导航，为企业分析现状、可能存在的问题提前预警，帮助企业建立自己的薪酬体系，并提供其他企业是怎么做的，行业普遍现状如何等信息，从而能为企业的薪资设计也好、调薪幅度确定也好以及其他体系建设与优化提供参考和依据。就如企业身边有了一位专业的薪酬管理专家，随时随地提供一对一的、对症下药的薪酬咨询服务，专业且便捷。

### 2. 形式上的薪酬业务导航

形式上的薪酬业务导航是指系统不仅有用，而且好用，功能强大还要操作简便。系统通过统一风格的界面，运用专门的导航和指引，并配以图片和文字提示，实现系统与用户的交互。如在 IPE 职位价值评估中，复杂、专业的运算由云端的薪酬信息系统通过后台处理，用户只需按页面上的提示结合自己的实际轻点鼠标回答"yes"或"no"即可，然后系统通过分析和运算直接呈现答案，告诉用户该企业的所有职位的价值并展现价值图谱。

### 附三

# 薪酬业务导航图示

### 宽带薪资结构设计

云端的薪酬管理信息系统能帮助用户设计自己的薪资体系，是选用宽带薪酬还是薪点薪酬随用户所需。在宽带薪资结构设计中，用户可以选择导入外部市场数据，或者自由输入各职位的基准薪酬数据，作为宽带薪酬设计的基准参考。

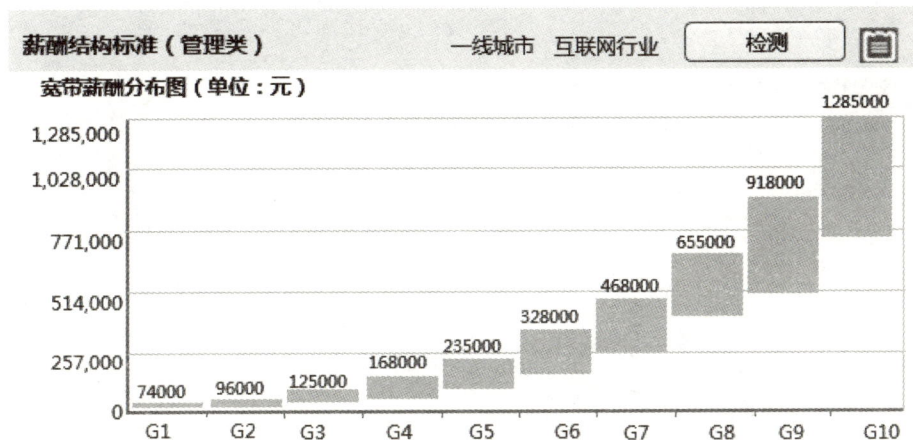

**附图 8-3-1　宽带薪酬外部数据查看**

在附图 8-3-1 查看宽带薪酬中，可以按城市级别选择，如一线、二线、三线等，也可选择不同行业，如互联网行业、家电行业等，下方即显示相应范围的宽带薪酬图。也可切换为表格查看（见附图 8-3-1）。

**附表 8-3-1　　　　　　　宽带薪酬外部数据导入**

| 薪酬结构标准 | 管理类 | | | | | | | 一线城市　互联网行业　导入　保存 | | |
|---|---|---|---|---|---|---|---|---|---|---|

宽带薪酬表（单位：百元）

| 薪酬等级 | 固定工资比例 | 年现金总收入（目标） | | | 固定薪资（基本工资） | | | 补贴 | 浮动薪资（目标奖金） | | |
|---|---|---|---|---|---|---|---|---|---|---|---|
| | | 最小值 | 中位值 | 最大值 | 最小值 | 中位值 | 最大值 | | 最小值 | 中位值 | 最大值 |
| G1 | 85% | 460 | 600 | 740 | 33 | 43 | 52 | 10 | 64 | 84 | 116 |
| G2 | 85% | 600 | 780 | 960 | 43 | 55 | 68 | 1 | 84 | 120 | 144 |
| ^ | | ^ | ^ | ^ | ^ | ^ | ^ | ^ | ^ | ^ | ^ |
| G8 | 75% | 3640 | 5100 | 6550 | 228 | 319 | 409 | 9 | 904 | 1272 | 1642 |
| G9 | 75% | 5100 | 7140 | 9180 | 319 | 446 | 574 | 11 | 1272 | 1788 | 2292 |
| G10 | 70% | 7140 | 10000 | 12850 | 417 | 583 | 750 | 12 | 2136 | 3004 | 3850 |

在附表 8-3-1 中，可选定某城市级别、某个行业的宽带薪酬，直接选择"导入"将该数据作为自己宽带薪酬设计的基准。同时可将该基准数据与市场水平进行比较（见如附图 8-3-2）。

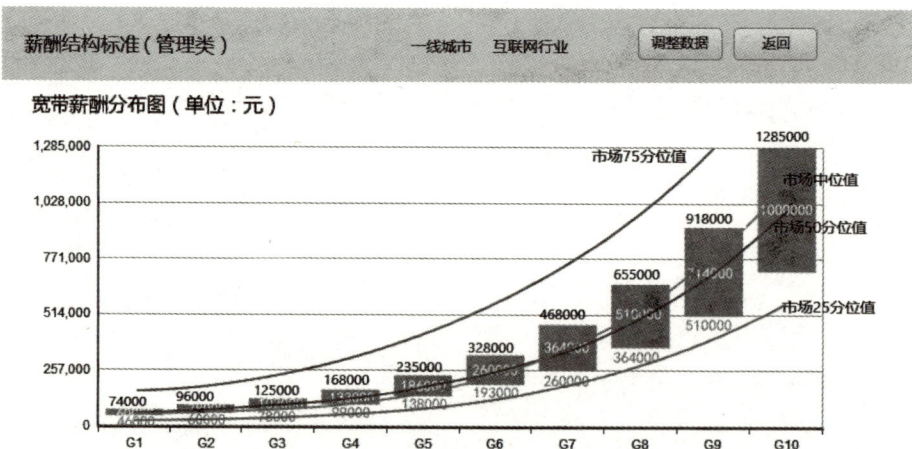

**附图 8-3-2　宽带薪酬市场检验**

通过与市场的不同水平进行比较，并选定自己的薪酬水平后，可切换回表格对自己的宽带薪酬数据进行编辑和修正。企业在对宽带薪酬数据编辑完后，可继续将之与市场水平进行比较并持续修正，直到满意为止，从而在云端薪酬信息系统帮助下设计出充分考虑行业、市场水平的，并保有一定竞争力的宽带薪酬。

（四）薪酬信息大数据

海量的数据正在成为一种资源、一种生产要素，成为企业的重要生产力。大数据在各行各业引发了各类创新模式，并让以前风马牛不相及的行业联系在一起凝聚成新的力量，给经济社会发展带来深刻影响。大数据已经成为移动互联时代的必备武器，薪酬信息大数据更是将原本散落在各个企业的、企业内各个模块的数据不仅串联起来，还发挥出了更多的创意和功能。正如网上很流行的"知识、经验、创新"那幅图所示，该图也形象地说明了薪酬数据也经历了从原始的杂乱无章，到传统 E-HR 中的初步结构化，再到现今云端薪酬信息系统中数据有机结合、实现创意发挥功能的过程（见附图 8-3-3）。

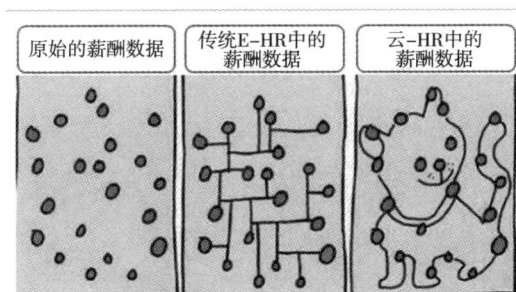

图 8-3-3　薪酬信息大数据

云端的薪酬信息系统对大数据的应用主要体现在以下几个方面：

**1. 企业薪资竞争力分析**

薪酬设计讲究外部公平性，企业薪酬如果在外部市场不具备竞争力，企业很难招到合适的人才，现有的人才也会很快地流失。那么如何清晰、便捷地知道竞争对手、乃至行业的薪资水平呢，基于大数据的云端的薪酬信息系统就可以很快解决这个问题，并伴随着多行业可共享的大数据信息平台的逐渐成型，企业HR部门将越来越便利地分析同行业薪资水准，从而对本公司薪酬进行调整以保持薪酬竞争力。

**2. 员工福利需求，精准投递**

福利是企业薪酬的重要组成部分，然而如何充分发挥福利的激励效用，取决于福利的内容与员工的需求之间的匹配程度。基于大数据的云端的薪酬信息系统可以了解企业员工差异化的福利需求，并进行分析，结合企业预算和支付能力实现精准投递，从而改变企业多年不变、千人一面的福利模式，帮助企业对不同员工实现差异化的福利包。

（1）招聘中薪资预期的竞价机制

在招聘工作中，薪资谈判是确定双方意向的关键环节。而通过对应聘者薪资预期的有效分析，企业在应聘者中建立竞价机制，使招聘的薪资谈判完全市场化，从而提高招聘的"性价比"。

（2）业务导航功能

薪酬业务不管是内容上的导航还是形式上的导航，都有赖于系统强大的大数据分析作为后盾。如上文所述，薪酬信息大数据通过对业界数据和企业内部数据的分析，得知行业标准或惯例，当企业的某类数据偏离行业标准或惯例一定程度时，系统能够自动发出提醒和预警；同时通过系统内置的海量解决方案能够针对不同企业提供线上的、专业的、一对一的咨询服务。

**附四**

# 薪酬信息大数据应用图示

企业在薪酬设计中，经常会想了解自己在市场薪资水平中的位置，所以会用到云端薪酬信息系统的企业薪酬组合仪表盘。

企业薪酬组合仪表盘是将企业关注的重点从企业内部引向对自身

与行业市场状况的比较。薪酬组合仪表盘中显示市场基准薪酬水平，企业的某项薪酬项目指向的位置即为该项薪酬项目相对于行业市场基准薪酬的位置（见附图 8-4-1）。

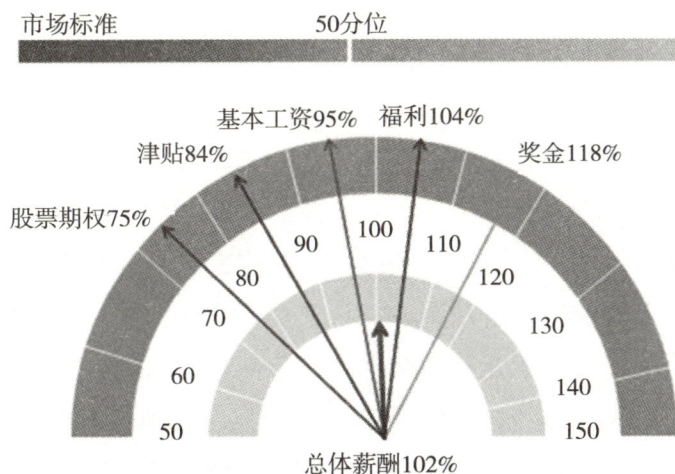

附图 8-4-1　企业薪酬组合仪表盘

企业薪酬组合仪表盘可选择市场行情的不同标准，如市场 90 分位、75 分位、50 分位等作为基准。假定在上图中是以市场 50 分位作为标准，则可清晰看到企业股票期权的价值是市场中位数的 75%，基本工资、奖金、福利、津贴分别是市场中位数的 95%、118%、104%、84%，企业的总体薪酬是市场总体薪酬中位数的 102%，略高于市场中 50 分位的水平。

（二）薪酬数据私密与安全

这几年来，随着云计算的盛行，企业的数据安全越来越受到重视。一般来说，企业数据都有其机密性，对数据保存在云端存在疑惑和担心，害怕信息一旦被泄露或遗失很可能蒙受巨大的经济损失。

薪酬数据更是有其敏感和私密性。企业在制定薪酬体系时，很希望获取市场尤其是竞争对手的数据，希望能有针对性地应对"别人家的公司"；另一方面，又严格防守自己的薪酬数据，不希望被第三方获取。薪酬数据，尤其是差异性的薪酬设置（如激励计划、福利项目等），已经成为企业的竞争优势和核心资源之一。所以云端的薪酬信息系统必须确保薪酬数据的私密与安全。

云端薪酬信息系统通过对企业个体数据的符号转换并纳入群体分析，企业作为薪酬大数据芸芸众生中的一员，个体信息被严格保护，即使在企业内部也必须经过自主授权给不同级别的用户查看和使用。用户在享受大数据带来便利的同时，还能保护自身数据的私密性，享受大数据的良好互动。

同时，为确保用户企业内部数据的不泄露，云端的薪酬信息系统还可从物理安全、信用安全及第三方认证安全方面构建三位一体的安全保证体系。物理安全主要是指数据存储、网络传输和口令加密等技术层面的安全屏障；信用安全是从管理、法律层面实现对客户数据的确保安全承诺，如在企业内部必须制定严格的数据管理规范，拟定一系列针对制度、人员、法律事务和企业内部数据风险的严密内控体系等，与用户签订保密协议等；第三方认证安全是指通过第三方权威机构或保险公司以安全认证和投保的方式建立起的社会层面的安全屏障，从多方面来保障薪酬数据的私密与安全。

## 本章小结

传统的薪酬信息系统由于其功能单一、业务不完整，界面不友好、易用性差，系统不具备开放性、彼此割裂，专业晦涩、操作复杂，以及伪移动互联的特点，越来越难满足移动互联时代对薪酬信息化的需求。

云端的薪酬信息系统由于其具备移动的业务处理、直观的数据图表、业务导航、大数据和确保数据私密性与安全性的特点，同时还无须采购硬件、无须安装、无须实施、无须维护，正逐步成为移动互联网时代薪酬管理信息化的潮流。

# 第九章　互联下的薪酬体验

在互联的信息平台下，精准薪酬的实施不仅能带来使用上的便捷，企业各级人员均能感受到不一样的体验。

精准薪酬实施的前提之一是企业认识到人才也是企业的资本投入，并在人才工作价值付出、企业价值增加基础上进行薪酬分配共享，对企业来讲，薪酬不再是成本，而是投资式薪酬。对 HR 来说，基于工作项价值的薪酬分配，以及内部"招投标"市场的公开、公正进行，工作项价值的明码标价和一致考核验收，也让薪酬成为没有暗箱的回报。员工则是根据自己的需求，自主选择、自发参与工作项"竞标"，在企业里为自己打工。

## 一、投资式薪酬

投资式薪酬是从企业老板角度阐述精准薪酬带来的体验。

在精准薪酬中，薪酬不再是成本，是对人才资本的投资；薪酬设计是企业对投资策略的考虑，将薪酬重点投放在最有价值的业务领域；薪酬发放则是企业与员工之间共赢的利益分配，所以精准薪酬实质上就是投资式薪酬，如图 9-1 所示：

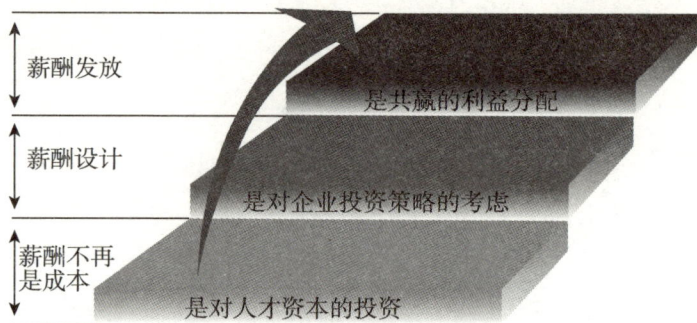

薪酬发放 —— 是共赢的利益分配

薪酬设计 —— 是对企业投资策略的考虑

薪酬不再是成本 —— 是对人才资本的投资

图 9-1　投资式薪酬

（一）薪酬不再是成本，是对人才资本的投资

人才最大的特点是自主性、能动性和创新性，是能够增值变现的资本，企业有效价值的增加、机会价值的变现都有赖于人才的价值创造，而恰当的薪酬分配是人才实现价值创造的必要条件，所以薪酬就是为了更多的企业价值实现而对人才资本的投资。

企业在对有效价值、机会价值等进行充分分析的基础上，对人才资本进行的投资能换来最可靠的回报，虽然有时候这种回报不是短期见效的。企业借助合理的薪酬福利体系来提高人才的工作积极性和效率，并通过战略性的思考，如何通过薪酬分配把蛋糕做得更大，不仅解决企业眼前的薪酬问题，还与企业未来的发展相适应，有利于构建企业持续发展的内部动力之一。

（二）薪酬设计就是企业对投资策略的考虑

薪酬既然已经是企业投资的一部分，那么薪酬设计也必须遵循一定的投资策略，追求投资回报的最大化。在企业的薪酬耗费、有效薪酬以及投资薪酬的设计中，都必须思考如何有效利用薪酬投资，对企业有限的资源进行充分有效的利用，使其投放在最有价值的业务领域及关键活动，发挥最有效的作用。

企业的薪酬设计实际上就是在支撑企业价值和组织观念，与企业经营战略相辅相成、相得益彰的前提下，思考对人才资本投资多少（薪酬总量），投资在何方（关键业务领域和关键活动），怎样组合投资（薪酬项目），对什么进行投资（薪酬理念），谁会及怎样获得这些投资（分配依据，不同员工群体与薪酬的关联），投资的回报如何（薪酬激励产生的企业价值）等问题。

故企业的薪酬设计实际上就是企业对人才资本投资策略的综合考虑。

### （三）薪酬发放是共赢的利益分配

以企业价值分析为基础的薪酬激励，就是在对企业核心业务领域及关键活动，以及从事该领域内作业活动的人才特点进行充分分析后，针对不同领域不同人群设计因地制宜的薪酬激励体系，最终的薪酬发放就是在价值实现的基础上，企业与人才一起进行价值分配，从而达成共赢。

在基于企业价值的薪酬分配中，企业与人才之间就不再是过去的"发钱"，工资低了时人才不会是抱怨老板小气，而变成了"分钱"；工资低了人才会反思是不是自己努力不够。薪酬分配是影响企业员工工作积极性的重要因素，当薪酬分配由"发钱"变为"分钱"，企业与员工之间也就形成了共赢的利益分配，有利于达成统一的思维方式和上下一致的行动目标。

在投资式薪酬的体验中，企业老板能感受到员工满意度、员工士气的提升，以及企业业绩的改善，并能清晰核算薪酬的投入产出比，为企业有限资源的最优投入提供决策依据。

**未来的应用场景：**

新的一年马上开始了，××公司总经理徐总正坐在靠椅上查看今年的薪酬激励效果分析报告。自从去年年底公司引进外部咨询的精准薪酬项目，基于企业价值分析设计各业务线的薪酬激励体系后，今年大家的工作面貌和业绩都有明显的改观，现在拿着分析报告来看，确切的数据表明，精准薪酬激励确实产生了明显的效果（见图9-2）。

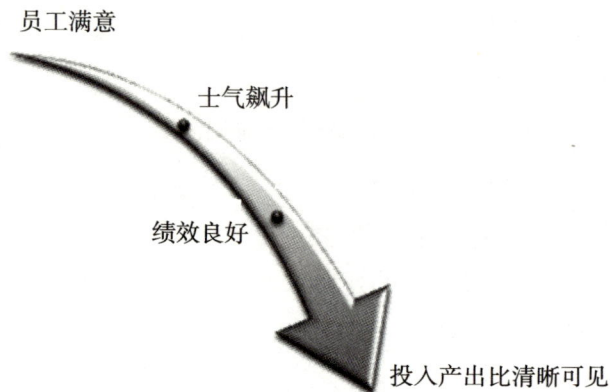

员工满意

士气飙升

绩效良好

投入产出比清晰可见

**图9-2　一目了然的薪酬激励效果**

从方案实施早期的满意度调查来看，虽然各项激励措施刚刚投入实施，但大家已是充满热情和期待，并对某些改变一片赞扬和看好。这从激励满意度调查结果可以看出，大家对新增的薪酬项目，如给员工父母发放生活费补贴的"孝亲奖"和远大于政府金额的独生子女津贴"宝宝奖"奔走相告、一片赞扬，并作为"别人家的公司福利"网络段子广泛流传于工作圈、朋友圈等网络空间，掀起了广泛而热烈的反响；对薪酬激励与个人绩效关联的改变，对于加大个人绩效与个人所得之间的联系，大家也欣然接受表示赞同；而自主福利模式的推出，大家也表示好奇和看好。总体来讲，相对精准薪酬项目实施前的薪酬激励现状调研分析结果，此次的激励满意度总体得分提高了20%。

反映在今年的士气提升上，上半年的尽职调查总体得分同比增长10%，随着各项薪酬激励措施的逐步兑现，下半年的尽职调查总体得分同比增长20%，员工的敬业度、忠诚度等有明显改善。

财务数据给了最有说服力的证明。尽管今年市场环境竞争更激烈，但今年的营业收入和利润相较去年都有提升，人均收款和人均利润更是首次超越主要竞争对手，并且还首次关注到有效薪酬比率，知道了自己的薪酬投入中有多少是耗费，多少是基于员工的实际工作价值。虽然总薪酬投入相较上一年增加了5%，但单位薪酬投入带来的营收增加却达到了10%（见表9-1）。

表 9-1                     投资式薪酬体验

| 项　目 | 尽职调查 | | 营业收入 | 利润 | 人均收款 | 人均利润 | 总薪酬投入 | 有效薪酬比率（%） | 单位薪酬投入的收入 |
|---|---|---|---|---|---|---|---|---|---|
| | 上半年 | 下半年 | | | | | | | |
| 数　据 | — | — | — | — | — | — | — | 79.5 | — |
| 同比增长（%） | 10 | 20 | 18 | 15 | 10 | 11 | 5 | — | 10 |

注：“—”表示该数据被隐去不显示。

　　以前只顾着看一年的薪酬投入花了多少钱，占了公司总成本的多少，数字越高心里越慌。而现在公司实行基于价值分析的薪酬设计，每分钱的投入都有了清晰的产出衡量，投入的增加是为了产出数量的更多增加，薪酬不再是成本，是对人才资本的价值投资。有了这个观念的转变后，公司按照企业价值分析，按不同责任中心的有效价值特点设计出各个领域内独特的薪酬激励体系后，投入产出比历历在目。看着一串串数字，徐总明白了，原来薪酬每一分钱的投入与企业增加的收入和利润都是相关的，薪酬真的不是成本！

　　徐总看着报告不时满意地点点头，对今年的精准薪酬项目实施的效果很是满意。在这之前徐总还对人力资源总监 Helen 提出的明年的薪酬预算有点不快，觉得金额太高，现在看来，完全没有必要斤斤计较这个数字了，徐总已经确切地相信，对人才每多一分钱的投入会带来远远大于一分钱的产出。想到这徐总赶紧把人力资源总监 Helen 叫了进来，痛快审批了明年的薪酬预算方案，并鼓励 Helen 明年的薪酬激励一定还要这么搞下去。

## 二、没有暗箱的回报

没有暗箱的回报是从企业 HR 角度阐述精准薪酬带来的体验。

在云端薪酬信息系统的协助下，薪酬大数据能让企业轻松获取行业数据、标杆数据，精准确定自身竞争力；基于企业价值和工作价值分析的薪酬激励更贴近业务实际需求和满足员工需要；工作项的自由组合和参与让薪酬分配清晰、公正；员工参与薪酬体系的设计也利于企业薪酬体系的被理解和接受。在这些措施下，企业的薪酬能够得到员工的广泛认同和理解，成为没有暗箱的回报，如图 9-3 所示：

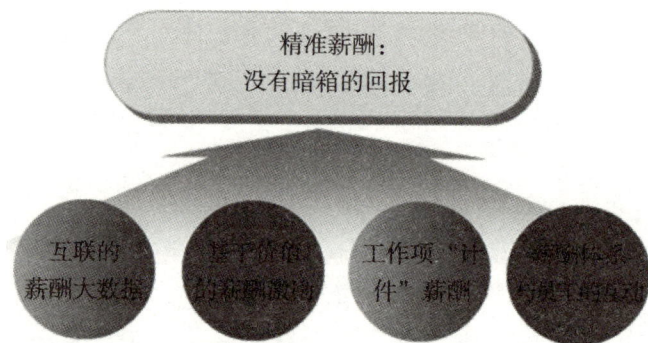

图 9-3　没有暗箱的回报

（一）互联的薪酬大数据

云端薪酬信息系统中的大数据不仅能帮企业在薪酬体系的建立中，提供行业数据、薪酬体系最佳标杆等，帮助企业明确自身薪资在市场中的竞争力，提供薪酬体系设计参考，并可结合市场水平针对企业不同职位序列设置不同的竞争策略，节约投资，最大化效用；还能在企业薪酬体系调整和优化时提供建议与咨询，例如，分析某阶段该行业的调薪水平、某职位序列的调薪水平等，结合员工绩效等信息给出建议。

在大数据的支撑下，HR 的薪酬体系建设与优化工作可以摒弃大量的主观拍脑袋，一切变得有据可循，更客观、更专业。

（二）基于价值的薪酬激励

精准薪酬的设计是基于企业的价值分析，包括无效价值、有效价值以及机会价值，并分析不同价值类型涉及的主要业务领域，剖析该领域内的核心业务活动及其特点，确定激励重点及导向来设计薪酬激励策略。同时结合员工的工作价值需求，针对不同业务领域设计不同的薪酬激励措施，真正贴近业务实际，客观、实用、有效，避免了企业薪酬体系的一刀切，因而更能被广大员工理解与接受。

（三）工作项"计件"薪酬

在精准薪酬体系下，企业可以根据企业价值分析，识别出有效价值和机会价值的核心业务领域业务单元和关键活动，并逐步分解为工作项，在互联薪酬大数据帮助下，建立工作项价值体系和薪酬标准。在这个前提下，企业的工作推进就可以像股市看板一样，将众多工作项内容、要求、目标、报酬等标准发布出去，员工根据自己的实力和需求待价而沽。整个过程公开、透明，员工收入的多少视他/她自己完成工作项的数量和质量有关，薪酬分配类似于"计件"薪酬，有效薪酬的分配清晰、可控。同时工作项的验收考核可通过劳动价值衡量、葡萄状组织多象限综合评估得出（此部分内容可参考本丛书《卓越绩效——互联时代的绩效管理》的相关内容）。

精准薪酬正是通过各种科学而专业的方法，在 HR 的积极推动及广大员工的认真参与下，有效衡量个人对企业的贡献，并在此基础上进行薪酬分配，客观公正而精准。

（四）薪酬体系与员工的互动

精准薪酬能得到员工认可还有一个重要的原因就是，不管是职位价值分析、薪酬标准建立，还是薪酬激励效果衡量，薪酬体系的整个建立和优化过程都与员工保持了良好的互动，员工参与其中，自然也就能得到其认可支持。这种互动至少体现在以下三个方面：

（1）通过云端薪酬信息系统自如、便捷参与到职位价值、工作项价值的评估中，为薪酬标准建立奠定信任基础；

（2）自主参与到工作项的"招投标"市场，通过竞价影响工作项的有效薪酬标准，工作项有效薪酬的动态图谱正是员工和企业在招投标中双向选择的结果；

（3）在精准薪酬的闭环中，员工通过参与到各种调研来反馈薪酬感受和意见，通过企业薪酬激励效果评估中的四层分析给企业薪酬体系建设和优化提供意见和改进思路。

在这种持续的互动中，员工不仅对薪资标准的依据和来源有一个清晰的了解，还能通过自身实践和感受来影响最终的薪资体系，自己参与到其中，因而也更易认同和接受。

在实施精准薪酬中，企业 HR 能感受到薪酬体系建立及完善的过程被认可，薪酬体系、薪酬分配标准、员工满意度、企业薪酬的投入产出等结果也被认可，在整个过程中，自己的专业度也被充分的认可，因而对日后工作的推进胸有成竹、不再担忧。

**未来的应用场景：**

虽然公司执行严格的薪酬保密制度，但薪酬管理部经理 Evone 还是从各种途径了解到，员工私底下还是会通过各种方式打听别人的待遇，情绪很多，普遍认为公司薪酬不公平、存在猫腻。横加干涉严惩几个人之后，负面消息反而更是满天飞。另外，企业由于在初创阶段规模较小、管理规范性不强，员工的薪酬一般是老板与员工通过个别性协议确定，而随着企业规模的扩大，员工数量的增加，不同职位、新老员工之间的薪酬越来越难平衡，所以企业一直采取的"薪酬保密"政策。怎么样让员工认识与理解公司的"苦衷"，Evone 很头疼，感觉很受伤。

某日 Evone 在工作圈中听到有同行介绍精准薪酬的理念，深有感触，然后自己又通过各种途径了解了很多精准薪酬方面的信息，对基于企业价值分析来建立因地制宜的薪酬体系很是赞同。所以在去年年中，Evone就游说老板徐总引入精准薪酬咨询项目，并在去年年底成功实施。

在实施精准薪酬的一年里，Evone感觉到了明显的变化，不仅交出了喜人的薪酬激励效果分析报告，获得老板赞赏，自己在推进薪酬管理工作的过程中，还感觉到了更多的变化，主要体现在以下两方面：

## 一、过程被认可

以往企业的薪酬体系都是人力资源部几个人闷在一起制定出来的，有点闭门造车的嫌疑，现在在云端薪酬信息系统的帮助下，不仅能快速、便捷地了解行业薪酬水平，还能获取业内标杆企业的做法，可谓"云—薪酬在手，信息我有"，这为企业的薪酬体系极大地增强了说服力。

作为薪酬体系设计的根基和工作项价值初始化的基础，职位价值评估在往常因为耗时耗力一直被搁置，现在云端的薪酬信息系统已将国际通用的职位价值评估法IPE的职位评估维度（影响、沟通、创新、知识）、因素、影响因子、运算规则等全部内置于后台系统中，只要分配不同职位给不同人员评估，将广大员工纳入进来，员工只需像填写调查问卷一样，根据自己对该职位的实际认知回答问题即可，提交之后，系统则自动计算出该职位的得分。主要步骤如图9-2至9-5所示。这不仅提供了专业的工具，也极大地提高了工作效率；而员工由于自己参与与自己利益息息相关的薪酬设计，也对这种方式纷纷表示赞同和认可。

表 9-2　　　　　　　　　　　选择待评估职位

| | 职位名称 | 影响分值 | 沟通分值 | 创新分值 | 知识分值 | 总分 | PC值 | 状态 |
|---|---|---|---|---|---|---|---|---|
| ☐ | 服务人员 | 0 | 0 | 0 | 0 | 0 | 0 | 未评估 |
| ☐ | 技术支持 | 0 | 0 | 0 | 0 | 0 | 0 | 正在评估 |
| ☐ | 财务总监 | 0 | 0 | 0 | 0 | 0 | 0 | 正在评估 |
| ☑ | 会计 | 0 | 0 | 0 | 0 | 0 | 0 | 未评估 |
| ☐ | 出纳 | 0 | 0 | 0 | 0 | 0 | 0 | 未评估 |
| ☐ | 市场拓展专员 | 0 | 0 | 0 | 0 | 0 | 0 | 未评估 |
| ☐ | 市场部经理 | 0 | 0 | 0 | 0 | 0 | 0 | 未评估 |

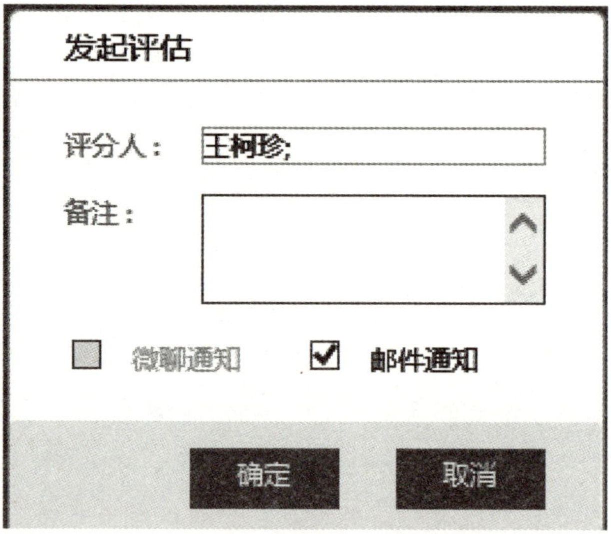

状态 ☑未评估 ☑正在评估 ☑已评估
华美信息技术有限公司　　　评分　职位体系查看

**发起评估**

评分人：　王柯珍;

备注：

☐ 微聊通知　　☑ 邮件通知

确定　　取消

图 9-4　分配评估任务给指定人

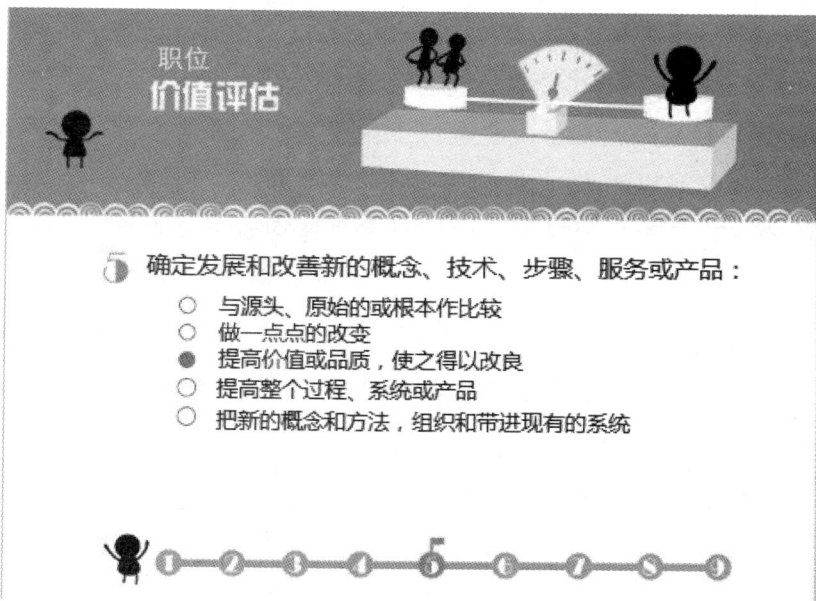

图 9-5　员工填写职位价值评估问卷（一）

图 9-6　员工填写职位价值评估问卷（二）

## 二、结果被认可

在薪酬大数据和大家的广泛参与下，薪酬体系和标准赢得了大家的认可。同时，通过对个人贡献的有效衡量，员工对自己的薪酬所得也心服口服，相比往年，Evone 耳边少了很多抱怨和不满，大家都拧成一股绳想着怎么把自己的业绩、团队的业绩搞上去，以获取更多的薪酬分配。

老板拿到薪酬激励的年底答卷，看着实际数据表明的员工士气的提升、业绩的改良，也露出了满意的笑容；而对首次提出的薪酬投入产出比时，更是一脸惊喜，彻底认可薪酬是对人才资本的投入，是能带来更多价值的价值投资。

## 三、专业度被认可

在今年的精准薪酬项目推进中，Evone 不遗余力地通过培训宣讲、动员大会、团队培训、制度公示等方式，积极宣传精准薪酬的理念、思路及具体设计流程，并鼓动大家积极参与进来，最终赢得了大家的认可，年底的财务数据也表明这确实给企业带来了可观的成绩。

在整个过程中，人力资源部的业务水平、工作方式、专业敏感度等都获得了老板和同事的认可。对来年薪酬管理工作的推进，Evone 胸有成竹，不再担忧。

# 三、为自己打工

为自己打工是从企业员工角度阐述精准薪酬带来的体验。

在精准薪酬中，企业不仅关注企业价值增长点，也关注员工追求的工作价值，结合业务领域及关键活动特点，针对不同人群采取不同的组合薪酬激励方式，统一员工和企业间的利益；同时通过工作项的双向选择和"计件"薪酬，员工自由掌握薪酬所得，自主、自发努力工作为自己争取更多收入，在这个过程中也就实现了企业的价值追求。在这种共赢的利益基础及分配方式下，企业与员工之间已经达成了合作关系，员工在企业中实质上就是在为自己打工。如图 9-7 所示。

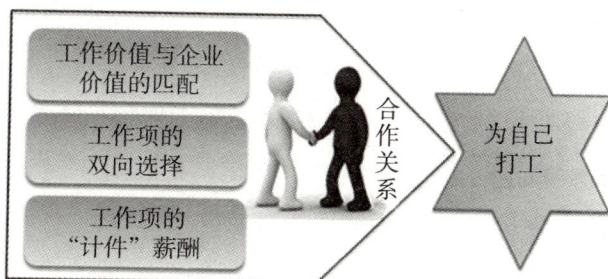

图 9-7　为自己打工

（一）工作价值与企业价值的匹配

个人在企业中追求的工作价值有很多种，企业根据价值分析识别核心业务领域并逐步分解出工作项，在工作项发布的过程中，根据人员特点赋予工作项不同的意义，也就是根据员工的需求特点和企业希望达成的目标来灵活组合薪酬项目，通过这种基于价值投资的激励方式来统一员工和企业之间的利益基础。利益一致，行动自然会一致，在这种情况下，员工在为企业实现价值追求的过程，实际上也就是在为满足自己的需求、赢得更多的回报而努力的过程。

（二）工作项的双向选择

精准薪酬从企业价值分析出发，基于企业各业务领域及其关键活动特点，从有效价值、机会价值的核心业务领域分解出工作项。企业通过在内部看板上公布工作项的具体事项、要求、标准、酬劳等信息，发布"招标"信息，并在众多竞标者中按一定条件（如资质、经验、成本、周期等）选择最合适的人员来完成该工作项；员工则结合自己的实力、需求、资源等情况自主参与竞争，想锻炼自己、挑战高难度的可找高难度工作项，主要追求经济收入的可参与回报大的工作项参与竞标……员工想要什么就去做什么。工作安排不再是行政命令，员工有了自主权和选择权，想做什么自己说了算。

（三）工作项的"计件"薪酬

"计件"薪酬的魔力就在于它直接、准确、公开、透明，双方很容易达成一致而没有争议，真正实现多劳多得。基于价值的薪酬分配从传统的职位价值分析出发，逐步建立工作项的"职位"价值体系和薪酬基数，并结合招投标市场的竞争性而形成工作价值薪酬的动态图谱，将工作项的薪酬标准化、客观化、动态化，根据员工自由承担的工作项的数量和完成质量来计算薪酬，形成按工作项的"计件"薪酬，员工根据自己的需求主动、自发参与，实现多劳多得、少劳少得。员工想要多少就去做多少。这种"计件"薪酬不仅让企业的薪酬核算变得公平、透明，也让员工真正实现我的薪酬我做主。

在为自己打工的薪酬体验中，员工能自主选择做什么事、做多少事，回报多少与自己做什么事、做多少事、做得怎么样息息相关。因而员工不再纠结于跟别人比高低，而是专注于提升自己，以在工作项的竞标中占取更多优势，来实现更多的报酬。


**未来的应用场景：**

Anna是这个公司的老员工了，见证了整个精准薪酬项目的实施过程。坦白讲，一开始Anna是不看好的，看多了公司这么些年的来回折腾，也花了不少钱，但是大家还是老样子，背指标时拈轻怕重，发工资时斤斤计较，缺乏生机。但是随着项目的实施，Anna感觉到了很多惊人的变化。

首先是工资结构有了很大的变化，基本工资由原来的80%一下子降到了50%，据说明年还会降低。Anna有点慌，但是详细了解相关规定后，虽然心安了些，但还是有点忐忑。原来公司根据业务分解将原来的很多工作内容分解成了工作项，每项工作明码标价，自己不仅可以做原来的本职工作，还可以参与到其他同事、其他部门的工作当中去，当然了，前提是自己有能力、有时间、感兴趣。

　　然后是工作居然不是由领导安排了，而是自己根据实际情况来参与竞标。公司在云平台上发布工作项，大家可以方便查看到不同类别的具体项目，可以看自己部门的，也可以看其他部门的，并列出名称、回报关键字等信息，还可以双击进去查看详情，如果看到合适的就可以参加竞标，中标的话就存到"持有"仓库中方便后续跟踪了。还可以根据自己的兴趣选择一些工作项添加到"关注"自选项。同时，系统还能根据某项工作项的要求，对竞标者的资质、经历等作竞争力分析，提示竞标者在该工作项的竞争中的优劣势，帮助决策和判断（见图9-8）。

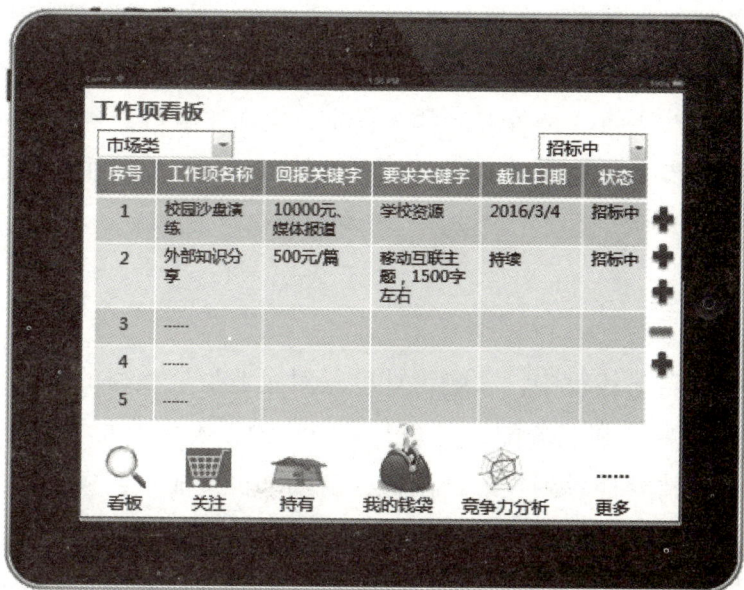

**图9-8　工作项看板**

　　在改革后的第一个月，Anna 出于习惯还是挑原来常做的事情，身边同事也差不多，均处于适应中，第一个月收入相对过去低了一些，但是也有个别同事胆大心细，竞标完成了多个工作项，取得了高于往常很多的报酬。大家都暗自下决心了，果然在第二个月，Anna 积极参与竞标，并认真完成工作，第二个月的收入比往常还多了 800 元。看着虽然不多的 800 块，Anna 刹那间还是感觉到了巨大的成就感。后来虽然工资时多时少，但反而更清晰了，不用去找 HR 麻烦，心里明白是自己工作项完成的数量和质量的原因。

最后是发现自己的心理也出现了细微的变化。以前不仅自己，身边很多同事都存在这样的现象：在接任务的时候总想着挑拣不费力的、容易完成的；上班时心思不专注，活没干完，下班时间到了，就想着明天再干；若是加班，心里就不痛快，质疑为什么张三没加班？临时安排的工作，就会想，我手头的活还没做完呢，为什么不叫李四去做？这件事王五也可以做的，却偏偏要我做，我做了这件工作对我有什么好处？等等诸如此类推三阻四时有发生。而现在，收入和价值贡献挂钩、由自己掌控，选任务时总想着尽可能跳一跳够得着的；明白了回报的多少由自己做多少事、做得怎么样来决定，现在不再盯着别人拿多少而愤愤不平，而是自己想着怎么更努力、更高效地来完成工作了。大家对公司对工作的态度也更积极，主人翁的意识越来越强。

## 本章小结

在精准薪酬体验中，薪酬设计就是对企业投资策略的考虑，薪酬发放成了共赢的利益分配，对企业老板来说，不仅取得了良好绩效，还能方便、清晰地看到投入产出比，薪酬不再是成本，成了对人才资本的投资；在云端的薪酬信息系统的帮助下，基于价值的精准薪酬激励客观、实用，工作项的"计件"薪酬也让薪资发放更公平、透明，员工持续地与薪酬体系的互动也让薪酬均可置于阳光下受到认同与理解，薪酬成了没有暗箱的回报；同时通过工作价值与企业价值的匹配，企业与员工对工作项的双向选择，以及工作项的"计件"薪酬，让员工的行为方式及结果与自己的收入紧密相关，员工与企业之间成为合作关系，员工在企业中实现了为自己打工的梦想。

附文 A：

# 高管薪酬

高级管理人员（以下简称高管），就是指公司管理层中担任重要职务、负责公司经营管理、掌握公司重要信息的人员，如总经理、副总经理、财务负责人、上市公司董事会秘书和公司章程规定的其他人员，高管的任职资格需符合《公司法》对其的相关规定。

高管群体及高管薪酬具备以下几个特点：

（1）高管群体范围很窄，是企业中的少数人，并处于企业管理金字塔的上端。

（2）薪资在各大企业都是敏感话题，一般都采取薪资保密，企业内部对薪资数据也是设有严格的权限，而高管的薪酬更是只掌握在极个别人手里，高管薪酬是神秘中的神秘。

（3）高管的的活动都与企业的战略有关，涉及面广、影响深远，已经不能通过责任中心的划分来界定。

高管薪酬的设计也可以参考有效薪酬的设计思路来进行，即从业务领域特点研究出发，分析该业务领域的有效价值形式、关键活动特点，继而明确激励重点，从而来设计与之对应的高管薪酬。

**1.业务领域特点**

企业高管是企业运营的核心人物，是完成董事会目标的执行者。高管团队作为核心决策群体已成为企业的重要战略资源，高管团队的良好运作是企业稳定和发展的关键。

**2.有效价值形式**

高管的有效价值主要体现在企业的财务状况上，如销售额、营业收入、净利润、资产收益率、经济增加值、市场占有率、投资回报率等等。

### 3. 关键活动特点

凡是与公司发展战略、竞争力相关的重大决策，高管都会参与其中并发挥主要作用，在这个过程中，高管的关键活动具备以下几个特点：

（1）高瞻远瞩，涉及面广。高管的管理决策一般都需要站在企业全局、长远的角度走出规划，并会对企业的各个层级、各个模块都产生影响，如并购，会给企业的组织架构、企业文化、发展战略等产生重大影响。

（2）长期利益与短期利益的博弈。作为企业决策的核心层，高管的一举一动都会对企业利益造成影响。是追求长期利益还是短期利益，与高管的薪酬激励政策和导向有关。

（3）自身在高管薪酬决策中的影响力。正是由于高管身份的特殊性，其自身既能直接影响企业的高管薪酬决策，也能通过利用自身的权威、魅力、关系等来影响具备高管薪酬决策话语权的董事会、委员会成员的决定。

### 4. 激励重点

需激励高管的经营行为与股东的利益保持一致，使股东价值最大化，将高管薪酬与企业绩效挂钩，促使高管将实现公司价值最大化作为活动的目标。

### 5. 高管薪酬设置

为了激励高管的经营活动与股东利益保持一致，需注重长期激励和短期激励的结合。一般来讲，高管的薪酬主要由基本工资、年度奖金、长期激励和福利计划等四部分组成。不同部分的特点、影响因素、激励性和占比也不同，如表A-1所示：

表 A-1 高管薪酬结构

| 项　目 | 基本工资 | 年度奖金 | 长期激励 | 福利计划 |
|---|---|---|---|---|
| 特　点 | 较为固定，基本收入保障 | 与财务指标完成情况相关而上下浮动 | 规模较大，引导高管关注公司的长期发展 | 占比不大，主要起保障性作用。如养老金计划、俱乐部会员资格、旅游、专用交通工具等 |
| 影响因素 | 市场价格、公司风险水平、公司成熟程度 | 公司业绩、部门业绩、个人业绩 | 公司业绩、现金流、个人业绩 | 公司文化、支付实力 |
| 激励性 | 较低 | 适中 | 较大 | 较低 |
| 一般占比（%） | 12 | 18 | 60 | 10 |

给谁分，怎么分都已经明确的情况下，接下来最重要的就是明确分多少的问题：

（1）可以运用经验值的办法，如将高管薪酬总额确定为企业其他所有员工平均薪酬的多少倍，如 14 倍，具体多少倍需综合考虑市场行情、行业特点、企业支付实力等。

（2）也可以借鉴华夏基石咨询集团提出的"真空高管薪酬"概念。

真空高管薪酬认为，影响高管薪酬的因素有很多，如行业特点、地域、市场状况、企业绩效、企业规模、高管个人特质（年龄、需求偏好、风险偏好等）等，通过对这些要素的统计分析，发现可以将这些因素分为共性要素、个性要素和非相关要素等三类。共性要素即为高管薪酬水平的决定要素，个性要素为调节要素，其他要素则可剔除。统计分析出的共享要素集中在三个方面：行业类别特点、企业规模和企业绩效。因此，得出多元线性回归方程如下：

$$VC_W = \alpha_i^x R + \beta_i^x NP + \eta_i^x A + \varepsilon_i$$

其中，$VC_W$ 是真空高管薪酬值，R 是营业收入值，NP 是净利润，A 是总资产；$\varepsilon$ 是常数项；$\alpha$、$\beta$、$\eta$ 是变量的系数，i 表示行业。

通过该模型拟合得出的金融行业的真空高管薪酬计算公式如下：

金融行业：$VC_{金融}$＝ 0.000014R+0.000094NP+0.000005A+ $\varepsilon_{金融}$

高管人员的激励方式很多，需要注意的是，设计任何激励制度，都应与高管的责权相匹配，与绩效紧密关联，与行业特点、本企业的文化、公司治理结构等因素相融合，才能真正发挥作用。同时建立完善的约束机制，以规范高管的行为，避免投机取巧等有损公司利益的现象。

# 薪酬调整及跨职位的薪酬结算

当市场行情、企业业绩、个人职位等发生变化时，出于市场竞争力、员工激励等的需要，企业会对薪酬体系，且主要是薪资水平，进行调整，这个时候就可以检验企业薪酬体系的延展性、完整性和生命力，是否能将这些例外情况的处理都囊括在内。

## 一、薪酬调整促因及原则

引起薪酬调整发生的原因有企业外部因素、企业自身因素、员工因素几个方面，具体如下：

市场水平：人才市场的激烈竞争造成的人才价格普遍上涨。为在人才竞争中处于优势，保留和吸引合适的人才，企业跟随市场水平，对薪酬水平进行上调。

外部环境：当物价指数上升、员工实际购买力下降时，如不进行必要的调整，也可能会造成人才流失。

公司业绩：当企业业绩良好时，为进一步激发员工的斗志，企业与员工分享企业的经营成果而给员工调薪。

发展战略：根据战略规划，企业处于对某类业务、某类人群的战略储备考虑，对某类人群的薪酬投资加薪。

个人原因：员工个人绩效优秀，对企业贡献稳定，企业应及时予以鼓励并体现在薪酬上面；员工企业价值创造能力提升，人才价值增值，市场价格也会水涨船高，企业也应在薪酬上体现诚意以对之予以保留；而当员工发生职位变动时，由于职位价值、事务难度、复杂性等都不同，薪酬也应随之调整。

当发现现有人员的薪资与设计出的标准不相符后，可通过以下方式将不符情况慢慢纳入薪资体系中：现有薪资高于标准时，可有意识地降低其薪资增长幅度，使其慢慢纳入薪资范围；或是将有潜力的员工晋升至上一级别；调整其薪酬结构，如通过颁发一次性项目奖励，而不变更其薪酬等级；现有薪资低于标准时，在作出调整决策之前，先估算调整所需成本；不建议作一次性调整，而建议企业可观察在职人员的业绩表现，通过增加调薪频率，慢慢将其纳入薪酬范围。

整体来讲，薪酬调整具有单向性，也就是说加薪容易减薪难。薪酬上涨员工喜闻乐见，并慢慢心安理得觉得是自己的应得权益不容侵犯，并加大了对下一次加薪的预期；而一旦减薪，一方面会对员工情绪和稳定性造成影响；另一方面企业也可能会面临法律上的风险。所以，企业需要规范各项规章制度，建立公平公正的考核体系，并将个人绩效和薪酬连接起来，形成有效、动态的联动，并合理管理员工的预期，让薪酬能升能降，让薪酬动起来，而不只是升起来。

对薪酬的调整也要有所管理，要达到预期的目标，也要控制住预算范围内，并综合考虑薪酬体系、工资结构运用的可延续性。一般来讲，薪酬调整要遵循以下原则：

（1）公正公平、竞争的原则。

（2）简单合法原则。

（3）绩效与激励结合。

（4）收入与公司效益挂钩原则。

**二、薪酬调整需注意的问题**

由于特殊人才、外部引进等造成的新老员工薪酬倒挂现象时有发生，尤其是在人才流动频繁的IT、软件等技术行业。这一方面会影响老员工的积极性和稳定性；另一方面也对公司的薪资体系造成冲击。同时，在制定薪酬调整决策时，企业面临的另一个尴尬就是，企业业绩不好甚至严重亏损时，还要不要涨工资。所以，企业在薪酬调整时需注意平衡新老员工之间的内部差异，明确调薪理念，强化薪酬的激励效应。

（一）新老员工的平衡

首先要明确新员工引进的性质和价值，以及需重点保留的老员工。企业对新员工的引进不外乎是为了弥补需求（数量、质量）、战略储备或是激发"鲶鱼效应"；而老员工，尤其是业绩明星（技术骨干）、任劳任怨的"老黄牛"，以及具有发展潜力的未来之星，他们既对企业绩效有历史贡献，又能带来未来的业绩增长，是企业需要重点挽留的对象。

一般来说，在质量方面的人才引进时容易发生新老员工薪酬的不平衡。而企业之所以对走掉的老员工心存惋惜，正是由于老员工对于企业仍具有不可替代的价值；相反，激活人力资源"存量"的合理流动正是"鲶鱼效应"发挥作用的标志。

故对于新老员工的倒挂问题，可以从提高老员工的"质"及薪酬的"量"上做文章，具体可采取如下方式：

（1）增加老员工的长期激励，如对老员工逐年增持股份，年底享受分红等方式，鼓励人才长期留在企业；

（2）将职位通过内部招标的方式，激活内部人才市场，并给能够独当一面、完成业绩目标的人才提供更高的收入报酬；

（3）培训激励，组织选拔优秀员工参加专业培训，帮助其提升业务能力；

（4）通过福利差异化弥补老员工的收入差距；

（5）同时，在薪酬制度中为新进员工薪酬的套入确立规范，尽可能将之纳入现有体系。

（二）公司业绩不好时的调薪

企业业绩良好、盈余充裕时，给员工的调薪自然毫无压力；但是，当业绩不好、公司不赚钱时，还要不要涨工资？

这取决于公司的战略眼光及人才策略。

因为现代企业，尤其是高科技、知识密集型企业，人才资源的竞争早已成为企业竞争的一部分。人才争夺战愈演愈烈，如果薪酬没有足够的市场竞争力和吸引力，不仅吸引不到合适的人才，有可能现有人才也会大量流失，届时的东山再起恐怕也后继无人。所以，在涨薪的时代背景下，企业薪酬的调整已经成为必然趋势。

在面临困境的时候，企业的薪酬调整可从以下几个方面入手，如图 B-1- 所示：

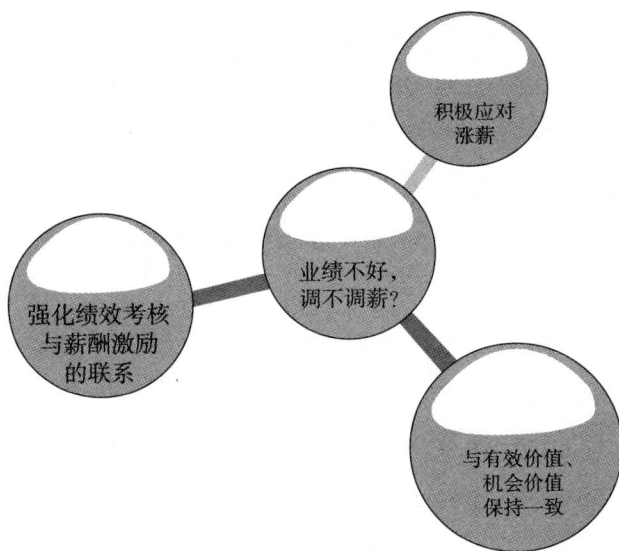

图 B-1　业绩不好时的薪酬调整

（1）积极应对涨薪。这是因为相对企业的其他资源，人才资本具有创造性和增值性，其投入产出的弹性也最大。即使企业经营困难，企业也不能忽视对人才资本的投资。所以企业应摆正态度、端正认识，积极应对涨薪。

（2）涨薪要与企业的有效价值及机会价值业务领域相一致。涨薪前需明确企业有效价值和机会价值的业务领域、关键活动、核心人群，并引导涨薪流向的侧重。在这个过程中需处理好公平性的问题，可借鉴职位价值评估及市场数据。

（3）强化绩效考核与薪酬激励之间的联系，用好绩效考核和薪酬激励这根杠杆，让投入的每一分钱发挥出最大的价值。

（三）个人工资调整方式

个人工资的调整一般发生在公司的普调及个人的高绩效、能力提升、晋升、转岗等情况。个人工资的具体调整有两种方式：

一是结合员工在薪酬中的位置及个人的绩效综合来调整。

首先，明确企业绩效等级和员工工资在现有薪酬体系中的位置，这里假定绩效分为差、需改进、普通、良好、优秀等五个等级；在工资中的位置考虑例外情况，即有部分人的工资水平是高于现有等级薪资标准的最大值或是低于最小值，所以划分了五个位置区域，即高于最大值、处于上面高值 1/3 段、中间 1/3 段、下面低值 1/3 段及低于最小值。

然后，确定普通绩效人员处于中间水平的人员的调薪幅度，并作为基准，这里假定为 5%。

其次，确定不调薪人员的标准，这里假定绩效为需改进且处于中间 1/3 段及以上的人员不加薪，绩效为差的人不加薪。

最后，结合不调薪的标准，以基准人员最高限为中心向四周散开，并参照基准人员的调薪幅度确定散开时增加或下调的比例，总体原则是现有工资高的调薪幅度小，反之亦然。从而得到不同绩效等级不同位置人员的调薪幅度，如表 9 - B-1 所示：

表 B-1　　　　　　　　　　结合薪酬位置与绩效的工资调整

单位：%

| 项　目 | 个人绩效 | | | | |
|---|---|---|---|---|---|
| 在工资中的位置 | 差 | 需改进 | 普通 | 良好 | 优秀 |
| 高于最大值 | 0 | 0 | 1 | 3 | 5 |
| 上面高值 1/3 段 | 0 | 0 | 3 | 5 | 7 |
| 中间 1/3 段 | 0 | 0 | 5 | 7 | 9 |
| 下面低值 1/3 段 | 0 | 3 | 7 | 9 | 11 |
| 低于最小值 | 0 | 1 | 9 | 11 | 13 |

二是结合员工的潜力和绩效综合来调整。

首先，明确企业绩效等级和员工能力或潜力的认定，这里假定绩效分为差、需改进、普通、良好、优秀等五个等级；能力或潜力划分为高、中、低等三个层次（可以借鉴任职资格等级认定和日常观察）。

然后，确定普通绩效、能力中等人员的调薪幅度，并作为基准，这里假定为5%。

其次，确定不调薪人员的标准，这里假定绩效为需改进且能力低的人员不加薪，绩效为差且能力不高的人不加薪。

最后，结合不调薪的标准，以基准人员最高限为中心向四周散开，并参照基准人员的调薪幅度确定散开时增加或下调的比例，总体原则是能力越高、绩效越好，调薪幅度也就越大，反之亦然。从而得到不同绩效等级不同能力或潜力人员的调薪幅度，如表B-2所示：

表B-2　　　　　　　　　结合能力/潜力与绩效的工资调整

单位：%

| 项目 | 个人绩效 | | | | |
|---|---|---|---|---|---|
| 能力/潜力 | 差 | 需改进 | 普通 | 良好 | 优秀 |
| 高 | 3 | 5 | 7 | 9 | 11 |
| 中 | 0 | 3 | 5 | 7 | 9 |
| 低 | 0 | 0 | 3 | 5 | 7 |

（四）跨职位的薪酬结算

职位价值是薪酬制定的重要依据，不同的职位对组织的重要性、工作的难易程度等都不相同，所以工资的多少也应将职位作为重要参考。而在企业中，一人多职的现象较为常见，尤其在高管队伍中。这类人群定薪依据是多个职位的价值之和，还是就高或在就高基础上有一定涨幅，需要思考。

1. 一人多职的人才价值认定

在企业中，由于主观（节约成本）或客观（职位空缺、能人志士）的原因，往往出现一人多职的现象。有的只是暂补空缺、临时兼任，时间比较短，不需对兼职者的薪酬进行调整，通过奖金、奖励等形式加以补偿和鼓励即可；有的则是出于战略考虑、职能统筹的长时间兼任，如某个部门经理同时兼任上级部门的副总经理，这无疑会给兼职者的工作内容增加复杂性和难度，这个时候如果薪酬不作相应调整，会对兼职者的工作积极性和效率及效果造成伤害。

在给身兼多职者的薪酬进行结算前（不考虑临时的短期兼任），首先要明确兼职者的价值。这个价值包括两个方面：

（1）职位价值

对企业的组织架构来说，兼职者身兼多职，那么他的职位价值是否是兼任的各个职位的价值总和，即 1+1=2？在这里我们假定企业的职位设置是合理的，那么很有可能结果就是 1+1=2。但是这里存在一个悖论，若职位设置合理，那么合格的兼职者在兼职前的职位安排就是一种资源浪费。因为他是可以合格担任多个职位的，也就是这多个职位实际上是一个能找到合适的"萝卜"的虚拟的"坑"，即企业存在一个大的职位囊括了兼职者兼任的多个职位，那么也就是没有必要将这个大的职位拆分成多个职位。

所以，企业的职位设置很难说是完全合理的，也就必须对兼职者兼任后，寄身于一处的多个职位的价值重新进行评估。如可将这多个职位视为一个大的虚拟的职位，重新按照 IPE 法，从影响力（Impact）、沟通（Communication）、创新精神（Innovation）和知识技能（Knowledge）几个方面将之作为一个整体重新进行评估，从而得到兼职者新的"职位"的价值。

（2）创造的价值

一人身兼多职，这个时候，人才对企业价值的贡献，就不仅仅局限在他原本的职位范围，而是跨越多个职位的价值创造，也就是这个人在多个领域和关键活动中都能输出有效价值。从产出的角度来衡量一人多职的价值，就是衡量这个人在不同价值领域创造的价值总和。

对创造的价值的衡量，首先需明确各职位涉及的业务领域，以及不同业务领域的有效价值形式，聚焦其关键活动，最终对创造的价值进行归类加总，即可明确身兼多职者创造的价值。

2.一人多职的薪酬结算

一人多职的薪酬同样也与其创造的价值有关，并受其所处的责任中心性质的影响，只不过在结算过程中，可将兼任的多个职位视为一个整体的、虚拟的大的职位来处理，根据其重新评定的虚拟职位的职位价值及创造的价值来制定。在对一人多职的薪酬进行结算前，首先要界定其创造的价值的类型，然后参照上一章提到的方法相应设计，如图B-2所示：

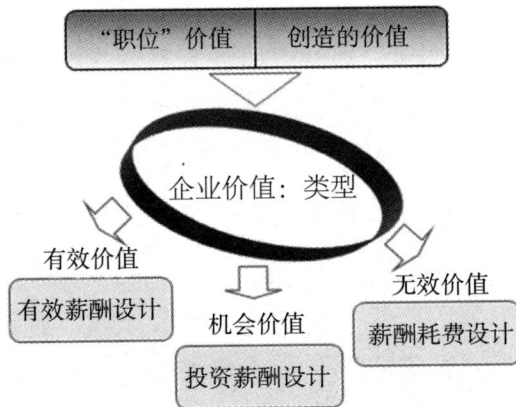

图 B-2　一人多职的薪酬结算

（1）基于有效价值的有效薪酬

人才兼任的多个职位一般是在同一个责任中心，跨越多个责任中心的可能性比较小（不含兼任某某委员会这种虚拟组织的职务）。所以基于有效价值的有效薪酬结算仍然可参照不同责任中心的价值认定来执行，如投资中心有效薪酬需注意激励形式多样化，并注重职业生涯、工作氛围、培训等非经济性的薪酬设计；利润中心有效薪酬的高绩效激励，浮动部分相对较大，强调利益共同体；成本中心有效薪酬综合考虑职位价值、绩效和能力，设置低浮动、较为稳定的薪酬形式。

（2）基于机会价值的投资薪酬

投资薪酬一般是出于人才长期激励和人才挽留的需要，也是对人才价值创造潜力的肯定，如分红、延期支付、股票期权等，但一般不单独出现，是作为有效薪酬的补充。

（3）基于无效价值的薪酬耗费

假如是无效价值，则说明兼职安排是不合理的，至少是不高效的。这个时候的薪酬耗费主要基于虚拟职位的价值，主要以基本工资和标准福利的形式出现，相对较固定，浮动部分较少。

需要注意的是，当跨职位的任务、事项等只是偶尔发生，作为临时性的项目支持，或是内部资源共享时，则可按不同级别人员的不同人天价格进行内部结算即可，如表 B-3 所示：

表 9-B-3　　　　　　　　　跨职位的内部结算示例

| 任职资格等级 | 交付支持价格（元/人天） | 售前支持价格（元/人天） | …… |
|---|---|---|---|
| G8~G10 | 1500 | 1500 | |
| G6、G7 | 1200 | 1200 | |
| …… | | | |

附文 C：

# 薪酬现状调研问卷

薪酬现状调研包含调研对象对现状的评价和对薪酬未来的优化建议两部分。

## Part1　现状评价

1.您认为目前公司的薪酬体系对人才的吸引性如何？

　　A.非常吸引　　B.较为吸引　　C.不确定　　D.不够吸引

　　E.几乎没有任何吸引力

　　如果选择D或E，请写明简要理由或感觉：＿＿＿＿＿＿＿＿＿＿

2.您认为目前公司的薪酬体系对业务发展的支持力度如何？

　　A.对业务发展起到强大的推动作用　　B.对业务发展有明显的推动作用

　　C.基本能配合业务发展　　D.与业务发展无相关性

　　E.阻碍业务发展

　　如果选择D或E，请写明简要理由或感觉：＿＿＿＿＿＿＿＿＿＿

（1）您认为公司的薪酬分配能否反映职位价值及个人贡献？

　　A.能全面真实反映　　B.较能反映价值及贡献差异　　C.大锅饭

　　D.不确定　　E.价值贡献与报酬成反比

　　如果选择D或E，请写明简要理由或感觉：＿＿＿＿＿＿＿＿＿＿

（2）您所在组织中，因薪酬过低/分配不公导致的离职情形在总离职中占比如何？

　　A.低，低于25%　　B.一般，超出25%　　C.未估算

D.较高，超出 40%　　E.非常高，超出 50%

如果选择 D 或 E，请写明简要理由或感觉：＿＿＿＿＿＿＿＿＿

据您了解，相较于您所在城市的整体薪酬水平而言，公司的薪酬水平处于一个什么样的位置？

A.领先　　B.75 分位以上　　C.50 分位以上

D.25 分位以上　　E.不确定

如果选择 D 或 E，请写明简要理由，及待遇偏低的职位名称：＿＿＿＿＿＿

（3）您认为公司目前的薪酬结构（细项名称及比例）设计如何？

A.科学实用　　B.比较科学　　C.一般　　D.不科学

E.过于繁杂 / 简单，比例失调

如果选择 D 或 E，请写明简要理由或感觉：＿＿＿＿＿＿＿＿＿

（4）您对公司福利项目及额度的看法是？

A.多种福利，且额度合适　　B.多种福利，但额度过低

C.福利项目较少　　D.基本上没什么福利　　E.完全没什么福利

如果选择 D 或 E，请写明简要理由或感觉：＿＿＿＿＿＿＿＿＿

（5）您认为公司目前的调薪机制如何（可多选）？

A.依据职位 / 能力 / 业绩及时调薪

B.依据职位 / 能力 / 业绩调薪，但比较滞后

C.调薪频率过小　　D.调薪依据欠科学　　E.缺乏内部公平性

如果选择 D 或 E 或有其他评价，请写明简要理由或补充：＿＿＿＿＿

（6）您如何评价公司薪酬方面的管理制度？

A.非常完善　　B.重要文件较为齐全

C.公司层面的制度少，组织层面的制度多　　D.规章制度较少

E.几乎没有建立薪酬方面的管理制度

如果选择 D 或 E，请写明简要理由或感觉：＿＿＿＿＿＿＿＿＿

（7）组织自行拟订薪酬制度的依据有哪些（可多选）？

A.公司层面的薪酬制度　　B.所在组织的业务发展需要

C.顺应员工的要求　　D.顺应法律法规的要求

E. 无组织自行拟订的薪酬制度

如选 E 或有其他的依据，请在此处注明愿意你或补充说明：＿＿＿＿＿＿＿

## Part 2　优化建议

（1）您认为本次薪酬管理体系完善需重点关注的因素有哪些（可多选）？

A. 薪酬水平调整　　B. 薪酬结构重置　　C. 薪酬管理制度梳理

D. 体系的推行力度　　E. 其他：＿＿＿＿＿＿＿＿＿＿＿＿＿＿＿＿＿

理由简述及其他说明

（2）您认为公司应选用哪种类型的薪酬策略？

A. 市场领先　　B. 市场跟随　　C. 混合、差异化定位　　D. 滞后

E. 其他：＿＿＿＿＿＿＿＿＿＿＿＿＿＿＿＿＿＿＿＿＿＿＿＿＿

理由简述及其他说明：＿＿＿＿＿＿＿＿＿＿＿＿＿＿＿＿＿＿

（3）您认为公司的薪酬水平设计应考虑哪些内部因素？

A. 任职资格等级　　B. 职位类别　　C. 地区差异　　D. 公司的人工成本预算

E. 其他：＿＿＿＿＿＿＿＿＿＿＿＿＿＿＿＿＿＿＿＿＿＿＿

请简要描述所选因素与薪酬水平的关系：＿＿＿＿＿＿＿＿＿＿＿＿

（4）您认为公司核心的职位类别有哪些（列举5个）？该类职位的薪酬市场定位应该如何？

A. 职位类别 ＿＿＿＿＿＿，薪酬定位 ＿＿＿＿ 分位，理由：＿＿＿＿

B. 职位类别 ＿＿＿＿＿＿，薪酬定位 ＿＿＿＿ 分位，理由：＿＿＿＿

C. 职位类别 ＿＿＿＿＿＿，薪酬定位 ＿＿＿＿ 分位，理由：＿＿＿＿

D. 职位类别 ＿＿＿＿＿＿，薪酬定位 ＿＿＿＿ 分位，理由：＿＿＿＿

E. 职位类别 ＿＿＿＿＿＿，薪酬定位 ＿＿＿＿ 分位，理由：＿＿＿＿

（5）对于如何在薪酬体系中妥善处理地区差异问题，您有何建议？

A. 依据城市等级设置薪酬差异标准

B. 依据组织/机构类型设置的薪酬差异标准

C. 依据各地社平工资的差异度精确计算薪酬差异标准

D. 公司仅给出各 T 级对应的薪酬最大区间，各组织单位在此范围内自行
确定执行标准

E. 其他：_____

（6）您认为公司的薪酬结构设计应考虑哪些内部因素？

A. 任职资格等级　　B. 职位类别　　C. 地区差异　　D. 公司的人工成本预算

E. 其他：_____

请简要描述所选因素与薪酬水平的关系：

（7）公司若将所有职位划分为五大类别：应用、技术、服务、营销、职能，
您认为公司的全面薪酬结构应该是：

A. 套用统一的薪酬结构表

B. 薪酬项目保持一致，比例设置体现职位差异

C. 薪酬项目、比例均不相同

请将您认为理想的全面薪酬结构（项目和比例）在下表中填写：

| 职类 | 项目1 | | 项目2 | | 项目3 | | 项目4 | | 项目5 | |
|---|---|---|---|---|---|---|---|---|---|---|
| | 名称 | 比例 | 名称 | 比例 | 名称 | 比例 | 名称 | 比例 | 名称 | 比例 |
| 应用 | | | | | | | | | | |
| 技术 | | | | | | | | | | |
| 服务 | | | | | | | | | | |
| 营销 | | | | | | | | | | |
| 职能 | | | | | | | | | | |

若有其他补充，请在此处填写：_____

（8）您对公司福利政策有何建议？

A. 增加福利项目，具体有 _____

B. 删减福利项目，具体有 _____

C. 增加福利费用支出　　D. 缩减福利费用支出，用以调节人工成本

E. 其他 _____

（8）除经济性报酬外，您认为还需重点关注的广义薪酬组成部分有（给出最重要的 3 项）：

　　A. 学习与培训机会　　B. 个人发展机会　　C. 公司发展前景

　　D. 工作稳定性　　E. 和谐的人际关系　　F. 工作本身的价值

　　G. 工作配套环境　　H. 公司品牌和声望

　　I. 其他：_____

（9）您认为应该采用怎样的薪酬管理模式？

　　A. 总部统一管理，各组织单位仅拥有核算权

　　B. 总部统一薪酬标准，各组织单位在此基础上细化执行

　　C. 总部出台指导原则，各组织单位自行拟订相关制度及标准

　　D. 实行薪酬总额打包管理，总部仅进行总额控制，其余权限交由各组织单位

　　E. 其他：_____

（10）您认为公司应该采用怎样的薪酬保密制度（可多选）？

　　A. 整体薪酬体系和具体薪酬数据均严格保密；

　　B. 整体薪酬体系公开，具体薪酬数据保密；

　　C. 对员工仅公开本职位薪酬体系及数据（标准、结构、比例）；

　　D. 对经理人仅公开其负责部门的所有职位所有职级的薪酬体系及数据；

　　E. 对经理人仅公开其负责部门的所有职位在其职级以下的薪酬体系及数据；

　　F. 其他：_____

　　非常感谢您完成这份调查问卷！若您对薪酬体系优化项目有其他建议，请一并反馈！谢谢！

_____

_____

_____

# 参考文献

1.《哈佛商业评论》精粹译丛.薪酬管理[M].李莉,译.北京:中国人民大学出版社,2004.

2.(美)迈克尔·波特.竞争优势[M].陈小悦,译.北京:华夏出版社,2005.

3.(美)罗伯特·卡普兰,大卫·诺顿.战略地图[M].刘俊勇,孙薇,译.广州:广东经济出版社,2005.

4.李世成.企业竞争优势[M].北京:台海出版社,2005.

5.(美)米尔科维奇,纽曼.薪酬管理[M].成得礼,译.北京:中国人民大学出版社,2008.

6.解进强,史春祥.薪酬管理实务[M].北京:机械工业出版社,2008.

7.彭剑锋,崔海鹏.高管薪酬最佳实践标杆[M].北京:机械工业出版社,2009.

8.赵国军.薪酬管理方案设计与实施[M].北京:化学工业出版社,2009.

9.杨河清.劳动经济学[M].北京:中国人民大学出版社,2010.

10.唐东方.战略规划三部曲[M].北京:中国经济出版社,2013.

11.黄树辉.HR新生代:重塑人力资源管理[M].北京:机械工业出版社,2013.